Luigi Pirandello

Chacun sa vérité

Texte et illustration de couverture : © domaine public
Edition : Culturea (Hérault, 34)
Contact : infos@culturea.fr
Retrouvez notre catalogue sur http://culturea.fr
Imprimé en Allemagne par Books on Demand
Design typographique : Derek Murphy
Layout : Reedsy (https://reedsy.com/)

Dépôt légal : janvier 2023

ISBN : 9791041910366

Table des matières

DISTRIBUTION

LAMBERT LAUDISI	M. Charles Dullin.
Mme FROLA	Mme Marcelle Dullin.
M. PONZA, son gendre	M. Corney.
Mme PONZA	Mme Blazy.
M. AGAZZI, secrétaire général de la préfecture	M. Herminger ;
Mme AMÉLIE AGAZZI, sa femme, sœur de Lambert Laudisi	Mme Ève Longuet.
DINA, leur fille	Mme Orane Demazis.
Mme SIRELLI	Mme Lucienne Morand.
M. SIRELLI	M. Michel Duran.
LE PRÉFET	M. Spanelly.
Le commissaire CENTURI	M. G. Vital.
Mme CINI	M. Lucien Arnaud.
Mme NENNI	M. Nicolesco.
UN DOMESTIQUE	M. Gridoux.
MESSIEURS ET DAMES	Baranger, Darnault, etc.

De nos jours, dans un chef-lieu de département.

Représentée pour la première fois en français à Paris au Théâtre de l'Atelier, le 23 octobre 1924.

ACTE PREMIER

Un salon chez les Agazzi. Porte au fond donnant sur le vestibule ; portes à droite et à gauche.

Au lever du rideau, Laudisi se promène avec animation à travers le salon. Svelte, élégant sans recherche, quarante ans environ, il revêt un pyjama violet à parements et brandebourgs noirs. Esprit aigu, il s'irrite facilement, mais ne tarde pas à rire et à laisser les gens parler et agir à leur guise ; le spectacle de la sottise humaine le divertit.

LAUDISI. – Alors, il est allé se plaindre au préfet ?

AMÉLIE, *quarante-cinq ans environ, cheveux gris, montre une certaine importance à cause du rang de son mari, mais tout en laissant entendre que s'il ne dépendait que d'elle, elle montrerait plus de laisser-aller et se comporterait en bien des occasions tout autrement.* – Mais voyons, Lambert, c'est un de ses subordonnés !

LAUDISI. – Son subordonné à la préfecture, mais pas chez lui.

DINA, *dix-neuf ans, l'air de tout comprendre mieux que sa mère et même que son père, mais cet air de supériorité est atténué par la vivacité et la grâce de la jeunesse.* – Mais pardon ! Il est venu loger sa belle-mère à côté de nous, sur le même palier !

LAUDISI. – Est-ce qu'il n'en avait pas le droit ? Il y avait un appartement libre, il l'a loué pour sa belle-mère. Prétendez-vous par hasard que la belle-mère était obligée de venir faire une visite *(chargeant et détachant les syllabes)* à la femme et à la fille d'un supérieur de son gendre ?

AMÉLIE. – Il n'est pas question d'obligation. C'est nous qui sommes allées les premières, Dina et moi, voir cette personne, et nous n'avons pas été reçues. Comprends-tu ?

LAUDISI. – Mais que diable ton mari est-il allé faire chez le préfet ? Prétend-il imposer d'autorité un geste de courtoisie ?

AMÉLIE. – Une juste réparation ! On ne laisse pas ainsi deux femmes devant une porte.

LAUDISI. – Tout cela est abusif, c'est de la pure tyrannie ! Les gens n'ont-ils donc plus le droit de rester chez eux si cela leur fait plaisir ?

AMÉLIE. – C'est toi qui ne veux pas tenir compte que nous avons voulu nous montrer aimables les premières envers une étrangère !

DINA. – Allons, tonton, calme-toi ! Nous avouons. Nous reconnaissons que, dans notre politesse, il entrait un peu de curiosité. Mais enfin, c'était bien naturel !

LAUDISI. – Naturel, parce que vous n'avez rien d'autre à faire !

DINA. – Mais non, tonton, écoute. Tu es là, tu ne fais pas attention à ce que font les autres autour de toi. Très bien. J'arrive. Et alors, sur ce guéridon, là devant toi, je place avec le plus grand sérieux – ou plutôt non, avec la tête du monsieur en question, une tête patibulaire, – je place sur ce guéridon,... heu... supposons... les savates de la cuisinière.

LAUDISI. – Les savates de la cuisinière n'ont rien à voir là-dedans.

DINA. – Tu vois, hein ? Tu t'étonnes ! Tu considères ça comme une extravagance, et tu m'en demandes tout de suite la raison.

LAUDISI. – Petite peste ! Ah ! tu es une fine mouche, toi… mais tu as affaire à ton oncle, tu sais ? Tu es venue poser sur ce guéridon les savates de la cuisinière, pourquoi ? Pour provoquer ma curiosité ; tu l'as fait exprès, et, dès lors, tu ne peux me reprocher de te demander : « Mais pourquoi, ma chérie, as-tu posé là les savates de la cuisinière ? » Prouve-moi que ce M. Ponza, ce rustre, ce polisson, comme l'appelle ton père, est venu loger exprès sa belle-mère sur le même palier que vous !

DINA. – Il ne l'a pas fait exprès, je te l'accorde ! Mais tu ne peux nier que ce monsieur vit d'une façon si étrange qu'il provoque tout naturellement la curiosité de la ville entière. Écoute : il arrive, il loue un petit appartement au dernier étage de cette grande bâtisse lugubre, là-bas au fond du faubourg… Tu la connais ? Je veux dire, y es-tu déjà entré ?

LAUDISI. – Tu es peut-être allée y voir, toi ?

DINA. – Mais oui, tonton ! avec maman. Et nous n'avons pas été les seules, tu sais ? Tout le monde est allé la visiter. Il y a une grande cour toute sombre, – on dirait un puits, – et tout en haut une balustrade de fer, qui court le long de la corniche du dernier étage, avec de petits paniers qui pendent au bout de ficelles.

LAUDISI. – Et après ?

DINA, *avec étonnement et indignation.* – Après... Il a séquestré sa femme au dernier étage !

AMÉLIE. – Et sa belle-mère vit ici, à côté de nous !

LAUDISI. – En tout cas, la belle-mère a un joli petit appartement, au centre même de la ville !

AMÉLIE. – Merci pour l'appartement ! Il l'oblige à vivre séparée de sa fille !

LAUDISI. – Mais qui vous l'a dit ? Et si c'était elle, la belle-mère, qui le désirait pour avoir plus de liberté ?

DINA. – Non, non ! tonton ! On sait que c'est lui !

AMÉLIE. – Pardon ! On comprend parfaitement qu'une fille, en se mariant, abandonne la maison de sa mère et aille vivre avec son mari, au besoin dans une autre ville. Mais qu'une pauvre mère, ne pouvant se résigner à vivre loin de son enfant, la suive et que, dans la ville où elle est étrangère, elle se voie contrainte à en vivre séparée, eh bien, tu admettras qu'une chose pareille ne se comprend plus facilement !

LAUDISI. – C'est que vous avez des imaginations de tortues ! Il doit y avoir, ou par sa faute ou par la faute de son gendre, une telle incompatibilité d'humeur que, naturellement...

DINA, *l'interrompant, étonnée.* – Comment tonton ? Incompatibilité d'humeur entre une mère et une fille ?

LAUDISI. – Qui te parle d'une mère et d'une fille ?

AMÉLIE. – Mais oui ! Entre la belle-mère et le gendre, il n'y a rien, ils ne se quittent pour ainsi dire pas !

DINA. – Parfaitement ! La belle-mère et le gendre ! C'est ce qui stupéfie tout le monde.

AMÉLIE. – Il vient ici tous les soirs que Dieu fait tenir compagnie à sa belle-mère.

DINA. – Et même pendant la journée... Une ou deux fois par jour.

LAUDISI. – Est-ce que, par hasard, vous supposeriez qu'il y a quelque chose entre la belle-mère et le gendre ?

DINA. – Tu plaisantes ! Si tu la voyais ! C'est une pauvre petite vieille.

AMÉLIE. – Mais il ne lui amène jamais sa fille !... Jamais, au grand jamais, il n'amène sa femme voir sa mère !

LAUDISI. – Cette pauvre femme doit être malade... elle ne doit pas pouvoir sortir de chez elle...

DINA. – Mais non, la mère va là-bas...

AMÉLIE. – Elle y va, oui, mais pour voir sa fille de loin. On sait de source certaine qu'il est interdit à cette malheureuse de monter jusqu'à l'appartement de sa fille !

DINA. – Elle ne peut lui parler que d'en bas, du fond de la cour !

AMÉLIE. – Du fond de la cour, entends-tu !

DINA. – À sa fille, qui se penche à son balcon, comme du haut du ciel ! Cette pauvre vieille entre dans la cour ; elle tire sur la ficelle du petit panier ; là-haut, une clochette sonne ; la fille se met au balcon, et sa mère lui parle du fond de ce puits, la tête en l'air... comme cela ! Tu imagines !

On frappe à la porte ; entre le domestique.

LE DOMESTIQUE. – Madame ?

AMÉLIE. – Qu'est-ce que c'est ?

LE DOMESTIQUE. – Monsieur et madame Sirelli avec une autre dame.

AMÉLIE. – Faites entrer.

Le domestique s'incline et sort.

AMÉLIE, *à Mme Sirelli qui entre.* – Chère madame !

MADAME SIRELLI, *plutôt grasse, rougeaude, encore jeune, agréable, habillée avec une élégance recherchée de provinciale, toute brûlante d'une curiosité mal contenue, rude envers son mari.* – Je me suis permis de vous amener ma bonne amie, madame Cini, qui avait le plus grand désir de faire votre connaissance.

AMÉLIE. – Très heureuse, madame… Asseyez-vous donc, je vous prie. *(Elle fait les présentations.)* Ma fille, Dina… Mon frère, Lambert Laudisi.

SIRELLI, *chauve, quarante ans environ, gras, mais avec des prétentions à l'élégance. Il salue.* – Madame, mademoiselle.

Il serre la main de Laudisi.

MADAME SIRELLI. – Ah ! chère madame, nous venons chez vous comme à une source. Nous sommes de pauvres créatures assoiffées de renseignements.

AMÉLIE. – Mais de renseignements sur quoi, chère madame ?

MADAME SIRELLI. – Mais sur le nouveau conseiller de préfecture. En ville, on ne parle que de ça !

MADAME CINI, *vieille, ridicule et mal attifée. Elle dissimule la malignité et l'envie qui la dévorent sous des airs d'ingénuité.* – Nous brûlons de curiosité…

AMÉLIE. – Mais, madame, nous ne savons rien de plus que les autres, je vous assure !

SIRELLI, *à sa femme.* – Je te l'avais dit ! Ils n'en savent pas plus que nous, ils en savent peut-être moins que moi ! La raison pour laquelle cette pauvre femme ne peut monter voir sa fille dans son appartement, par exemple, la connaissez-vous ?

AMÉLIE. – J'étais précisément en train d'en causer avec mon frère.

LAUDISI. – Vous me faites tous l'effet d'être devenus fous !

DINA. – C'est parce que son gendre le lui défend.

MADAME CINI. – Explication insuffisante, mademoiselle !

MADAME SIRELLI. – Absolument insuffisante ! Il y a autre chose !

SIRELLI. – Une information toute fraîche, confirmée à l'instant même : il l'enferme à clé !

AMÉLIE. – Sa belle-mère ?

SIRELLI. – Non, madame, sa femme !

MADAME SIRELLI. – Sa femme, sa femme !

MADAME CINI. – À clé !

DINA. – Tu entends, tonton ? Toi qui voulais l'excuser…

SIRELLI, *stupéfait.* – Comment, tu voulais excuser cet homme ?

LAUDISI. – Mais je ne voulais pas l'excuser du tout ! Je dis que votre curiosité (j'en demande pardon à ces dames) est insupportable, ne fût-ce qu'à cause de son inutilité.

SIRELLI. – Comment cela ?

LAUDISI. – Inutile, mon cher, inutile !

MADAME CINI. – Inutile qu'on veuille se renseigner ?

LAUDISI. – Se renseigner ? Mais que pouvons-nous savoir réellement des autres ? Ce qu'ils sont… comment ils sont… ce qu'ils font… pourquoi ils le font…

MADAME SIRELLI. – Et pourquoi pas ?… En s'informant.

LAUDISI. – Mais s'il y a quelqu'un qui, dans ces conditions, devrait être informé, c'est vous-même, chère madame, avec un mari comme le vôtre, qui est toujours au courant de tout !

SIRELLI, *cherchant à l'interrompre.* – Permets, permets…

MADAME SIRELLI. – Ah non, mon cher, écoute, c'est la vérité. *(Se tournant vers Mme Amélie.)* La vérité, chère madame : avec mon mari qui se vante toujours d'être au courant de tout, je ne réussis jamais à savoir quoi que ce soit.

SIRELLI. – Naturellement ! Elle ne se contente jamais de ce que je lui raconte. Elle se figure toujours que les choses sont autrement que je le dis. Elle prétend qu'elles ne peuvent être comme je les lui rapporte. Elle va même plus loin : elle suppose que c'est le contraire qui est vrai !

MADAME SIRELLI. – Mais bien sûr, tu me racontes des histoires à dormir debout...

LAUDISI, *riant aux éclats.* – Ah ! ah ! ah !... Vous permettez, madame ? C'est moi qui vais répondre à votre mari. Comment veux-tu, mon cher, que ta femme se satisfasse de ce que tu lui dis, si, comme il est naturel, tu lui montres les choses telles qu'elles t'apparaissent ?

MADAME SIRELLI. – Comme il est radicalement impossible qu'elles soient !

LAUDISI. – Ah non, madame, souffrez que je vous contredise ! Ici c'est vous qui avez tort. Pour votre mari, soyez-en certaine, les choses sont bien telles qu'il vous les dit.

SIRELLI. – Mais je les donne pour ce qu'elles sont en réalité ! Ni plus, ni moins...

MADAME SIRELLI. – Jamais de la vie ! Tu nous racontes des histoires de brigands !

SIRELLI. – C'est toi qui te trompes et non pas moi.

LAUDISI. – Mais non, mais non ! Aucun de vous deux ne se trompe ! Vous permettez ? Je vais vous le démontrer. *(Il se lève et se campe au milieu du salon.)* Je commence... Vous me voyez bien tous les deux, n'est-ce pas ? Vous me voyez ?

SIRELLI. – Naturellement, nous te voyons.

LAUDISI. – Non, non, ne répondez pas si vite ! Approche-toi, approche-toi !

SIRELLI, *qui le regarde en souriant, perplexe, un peu dé-concerté, hésitant à se prêter à une plaisanterie qu'il ne com-prend pas.* – Pourquoi ?

MADAME SIRELLI, *avec irritation.* – Mais vas-y donc !

LAUDISI, *à Sirelli qui s'approche de lui avec hésitation.* – Tu me vois ? Regarde-moi encore mieux. Touche-moi.

MADAME SIRELLI, *à son mari qui hésite à toucher Lau-disi.* – Mais touche-le donc !

LAUDISI, *à Sirelli qui lève une main et lui effleure l'épaule.* – Bravo, très bien. Tu es maintenant aussi sûr de me toucher que de me voir, n'est-ce pas ?

SIRELLI. – Heu…

LAUDISI. – Voyons, tu ne peux pas douter de toi ! Re-tourne à ta place.

MADAME SIRELLI, *à son mari, qui reste tout balourd de-vant Laudisi.* – Mais reviens donc à ta place !

LAUDISI, *à Mme Sirelli, lorsque son mari est revenu à sa place.* – Maintenant, voudriez-vous approcher à votre tour, chère madame ? *(Se reprenant aussitôt.)* Non, non, c'est moi qui irai jusqu'à vous. *(Il s'approche d'elle, ploie un genou.).* Vous me voyez, n'est-ce pas ? Levez cette jolie petite main, touchez-moi. *(Mme Sirelli pose sa main droite sur son épaule, il s'incline pour la lui baiser.)* Oh ! la gentille petite main !

SIRELLI. – Hé là ! hé là !

LAUDISI. – Ne faites pas attention ! Vous êtes sûre, vous aussi, de me toucher et de me voir. Vous ne pouvez douter de vous-même. Mais, je vous en prie, ne dites ni à votre mari, ni à ma sœur, ni à ma nièce, ni à madame, là… madame…

MADAME CINI, *soufflant*. – Madame Cini.

LAUDISI. – Cini, que vous me voyez ; sinon tous les quatre vous répondront que vous vous trompez. Vous ne vous trompez pas du tout. Je suis réellement tel que vous me voyez, mais cela n'empêche, chère madame, que je suis non moins réellement tel que me voient votre mari, ma sœur, ma nièce et madame…

MADAME CINI, *soufflant*. – Cini.

LAUDISI. – Cini. Eux non plus ne se trompent pas.

MADAME SIRELLI. – Comment, vous changez ?

LAUDISI. – Mais naturellement, je change, chère madame ! Et vous-même, pensez-vous que vous ne changiez pas ?

MADAME SIRELLI, *très vite*. – Ah ! non, non, non ! Je vous assure que moi, je ne change jamais !

LAUDISI. – Mais moi non plus, à mon point de vue, et je puis soutenir que vous vous trompez tous en ne me voyant pas tel que je me vois moi-même. Mais il n'empêche que ma présomption, tout comme la vôtre, chère madame, est injustifiée.

SIRELLI. – Mais tout cet embrouillamini, c'est pour arriver à quoi ?

LAUDISI. – Pour arriver à quoi ? Elle est bonne celle-là ! Je vous vois acharnés à savoir ce que sont les êtres et les choses, comme si les êtres et les choses *en soi* étaient ceci plutôt que cela...

MADAME SIRELLI. – Mais alors, d'après vous, on ne pourrait jamais savoir la vérité ?

MADAME CINI. – Alors, si on ne peut plus croire à ce qu'on voit, ni à ce qu'on touche !

LAUDISI. – Mais si, madame, il faut y croire. Seulement, je vous dis : respectez ce que voient et ce que touchent les autres, même si c'est le contraire de ce que vous voyez et de ce que vous touchez vous-même.

MADAME SIRELLI. – Oh ! écoutez ! Moi, je vous tourne le dos et je ne vous parle plus ! Je n'ai pas envie de devenir folle !

LAUDISI. – Non, non, je m'arrête ! Continuez à parler de madame Frola et de son gendre ; je ne vous interromprai plus.

AMÉLIE. – Dieu soit loué ! Tu ferais mieux, mon cher Lambert, de passer dans une autre pièce !

LAUDISI. – Mais non, pourquoi cela ? J'aime mieux vous entendre parler. Je ne dirai plus un mot, je vous le promets ; tout au plus, de temps en temps, avec votre permission, je rirai.

MADAME SIRELLI. – Et dire que nous étions venus pour savoir ! Mais voyons, votre mari, madame, n'est-il pas le supérieur de ce monsieur Ponza ?

AMÉLIE. – Son supérieur au bureau, mais non pas chez lui, chère madame.

MADAME SIRELLI. – Je comprends bien... Mais vous n'avez même pas tenté de voir la belle-mère, qui habite sur le même palier que vous ?

DINA. – Mais si, madame, deux fois !

MADAME CINI. – Ah ! mais alors... alors... vous lui avez parlé ?

AMÉLIE. – Nous n'avons pas été reçues, chère madame !

SIRELLI, MADAME SIRELLI, MADAME CINI, *ensemble*. – Oh ! oh ! comment cela ? Est-ce possible ?

DINA. – Ce matin même...

AMÉLIE. – La première fois nous sommes restées plus d'un quart d'heure à la porte ; personne n'est venu nous ouvrir. Nous n'avons même pas pu laisser notre carte de visite. Nous y sommes retournées aujourd'hui...

DINA, *avec un geste des mains qui exprime l'épouvante*. – C'est lui qui est venu nous ouvrir !

MADAME SIRELLI. – Quelle tête, hein ! La tête de cet homme met tout le pays sens dessus dessous ! Et puis cette façon d'être toujours habillé de noir... Ils sont tous les trois habillés de noir, la fille aussi, vous savez ?

SIRELLI, *avec ennui*. – Mais puisque personne n'a jamais vu la fille ! Je vous l'ai dit cent fois ! Elle doit sans doute être habillée de noir, elle aussi... Ils sont originaires d'un petit village de la Marsica...

AMÉLIE. – Oui, un petit village, qui a été détruit, paraît-il, complètement...

SIRELLI. – Oui, par le tremblement de terre, à ras de sol. Il n'est pas resté pierre sur pierre.

DINA. – On dit qu'ils ont perdu tous leurs parents.

MADAME CINI, *pressée de reprendre la conversation.* – Alors, vous disiez… c'est lui qui vous a ouvert ?

AMÉLIE. – Quand je l'ai vu devant moi, avec cette tête, je n'ai plus trouvé de voix pour lui dire que nous venions rendre visite à sa belle-mère. Et lui ? Rien, pas un mot de remerciement.

DINA. – Il nous a fait un beau salut.

AMÉLIE. – Oh ! à peine une inclinaison de la tête… comme cela.

DINA. – Ses yeux, tu n'en parles pas ! Ce sont des yeux de bête fauve, ce ne sont pas des yeux humains.

MADAME CINI. – Et alors, qu'est-ce qu'il vous a dit ?

DINA. – Tout embarrassé…

AMÉLIE. – Tout hérissé, il nous a dit que sa belle-mère était souffrante et qu'il nous remerciait de notre bonne intention… et il nous a laissées en plan sur le paillasson, attendant que nous nous retirions.

DINA. – Ah ! quelle mortification !

SIRELLI. – Mais c'est d'un rustre, cela ! Oh ! vous pouvez être sûres qu'il est responsable de tout. Il tient peut-être sous clé sa belle-mère comme sa femme !

MADAME SIRELLI. – Il faut un certain toupet pour agir ainsi envers la femme d'un de ses supérieurs !

AMÉLIE. – Oh, mais, cette fois, mon mari s'est fâché tout rouge. Il a considéré cela comme un affront, et il est allé s'en plaindre au préfet et exiger réparation.

DINA. – Tiens, voilà justement papa.

AGAZZI, *entrant, cinquante ans, roux, rogue. Il porte la barbe et des lunettes d'or. Il est autoritaire et violent.* – Oh ! mon cher Sirelli. *(Il s'approche du canapé, s'incline et serre la main de Mme Sirelli.)* Madame…

AMÉLIE, *le présentant à Mme Cini.* – Mon mari, madame Cini.

AGAZZI *s'incline et serre la main de Mme Cini.* – Très heureux. *(Puis se tournant presque avec solennité vers sa femme et sa fille.)* Je vous préviens que, d'une minute à l'autre, madame Frola sera ici.

MADAME SIRELLI, *applaudissant, toute joyeuse.* – Elle va venir ? Elle va venir ici ?

AGAZZI. – Mais naturellement ! Voyons, pouvais-je tolérer un affront aussi patent à ma maison, à ma femme et à ma fille ?

SIRELLI. – C'est précisément ce que nous disions.

MADAME SIRELLI. – Et il aurait fallu saisir cette occasion…

AGAZZI, *la prévenant.* – Pour faire connaître au préfet tout ce qu'on dit en ville au sujet de ce monsieur ? Eh bien, n'en doutez pas, je l'ai fait.

SIRELLI. – Très bien ! très bien !

MADAME CINI. – Ce sont des choses inconcevables ! vraiment inouïes !

AMÉLIE. – Et tu ne sais pas tout ! Voilà maintenant qu'il les enferme à clé toutes les deux !

DINA. – Non, voyons, maman... pour la belle-mère, on n'en sait encore rien !

MADAME SIRELLI. – Mais pour sa femme, c'est certain.

SIRELLI. – Et qu'a dit le préfet ?

AGAZZI. – Le préfet... Il a été très... très impressionné...

SIRELLI. – Ah ! tant mieux !

AGAZZI. – Des bruits étaient déjà venus jusqu'à lui, et il juge à présent opportun d'éclaircir ce mystère et de connaître toute la vérité.

LAUDISI, *riant aux éclats*. – Ah ! ah ! ah ! ah !

AMÉLIE. – Il ne manquait plus que tes éclats de rire, maintenant !

AGAZZI. – Pourquoi rit-il ?

MADAME SIRELLI. – Il prétend qu'il est impossible de découvrir la vérité !

LE DOMESTIQUE *paraît sur le seuil de la porte et annonce*. – Madame Frola.

SIRELLI. – Ah ! la voilà !

AGAZZI. – Nous allons voir si c'est impossible, mon cher Lambert !

MADAME SIRELLI. – Très bien ! Ah ! je suis vraiment contente !

AMÉLIE, *se levant.* – Est-ce que je puis l'introduire ?

AGAZZI. – Non, assieds-toi, je te prie. Attendez qu'elle entre. Assis, tout le monde assis. Il faut que nous restions tous assis. *(Au domestique.)* Faites entrer.

Le domestique sort un court instant et Mme Frola entre. Tous se lèvent. Mme Frola est une petite vieille proprette, modeste, aimable, les yeux pleins d'une grande tristesse, sans cesse atténuée par un sourire de douceur. Mme Amélie s'avance et lui tend la main.

AMÉLIE. – Je vous en prie, madame. *(Elle fait les présentations, tout en la tenant par la main.)* Madame Sirelli, ma bonne amie. Madame Cini, mon mari, monsieur Sirelli, ma fille, mon frère, Lambert Laudisi. Asseyez-vous donc, madame.

MADAME FROLA. – Je regrette beaucoup et je vous demande pardon d'avoir jusqu'ici manqué au plus élémentaire de mes devoirs. Vous avez eu, madame, la bonté de m'honorer d'une visite, alors que c'était à moi de venir la première.

AMÉLIE. – Entre voisines, madame, on n'y regarde pas de si près. D'autant plus que vous êtes ici seule, étrangère, et que vous auriez pu avoir besoin...

MADAME FROLA. – Merci, merci, vous êtes trop bonne...

MADAME SIRELLI. – Madame est toute seule ?

MADAME FROLA. – Non, j'ai une fille, mariée, qui est ici depuis peu de temps.

SIRELLI. – Le gendre de madame est le nouveau conseiller de Préfecture, monsieur Ponza, n'est-ce pas ?

MADAME FROLA. – Oui, précisément. Monsieur le secrétaire général voudra bien m'excuser, j'espère, et excuser également mon gendre.

AGAZZI. – À vous parler franchement, madame, j'avais été un peu froissé.

MADAME FROLA, *l'interrompant.* – Vous avez mille fois raison, mais il faut l'excuser ! Nous sommes encore tout bouleversés, vous savez, par notre grand malheur.

AMÉLIE. – Naturellement, un désastre pareil !

MADAME SIRELLI. – Vous avez perdu des parents ?

MADAME FROLA. – Tous nos parents... tous, madame. Il n'est rien resté de notre petit village ; ce n'est plus qu'un amas de ruines.

SIRELLI. – Ah ! oui !... nous l'avons su !

MADAME FROLA. – Je n'avais plus qu'une sœur... Elle avait aussi une fille, mais qui n'était pas encore mariée. Pour mon pauvre gendre, le malheur a été beaucoup plus terrible encore : sa mère, deux frères, une sœur, et puis son beau-frère, ses belles-sœurs, deux petits-neveux.

SIRELLI. – Une véritable hécatombe !

MADAME FROLA. – Ce sont des malheurs qui ne s'atténuent pas ; on en reste accablé pour toujours !

AMÉLIE. – Oh, certainement !

MADAME SIRELLI. – Et comme cela... d'une minute à l'autre ! C'est à devenir fou !

MADAME FROLA. – Et alors, on ne pense plus à rien ; on manque aux convenances sans le vouloir, monsieur le secrétaire général.

AGAZZI. – Oh ! ne parlons plus de cela, madame, je vous en prie.

AMÉLIE. – C'est en pensant à ce grand malheur que ma fille et moi nous nous étions présentées chez vous les premières...

MADAME SIRELLI, *qui bout de curiosité*. – Oui... sachant que vous étiez totalement seule... Bien que... Vous m'excuserez, madame, si j'ose vous demander comment il se fait qu'après un pareil malheur, ayant ici votre fille, après un malheur comme celui-là, qui, semble-t-il... devrait provoquer chez les survivants un besoin de vivre plus unis...

MADAME FROLA. – ... Comment il se fait que j'habite toute seule, n'est-ce pas ?

SIRELLI. – Oui, c'est cela. À parler franc, cela semble un peu étonnant.

MADAME FROLA. – Je comprends bien. Mais vous savez, quand un fils ou une fille se marie, il faut leur laisser liberté complète.

LAUDISI. – Parfait ! Très juste ! Il faut qu'ils se fassent leur propre vie, une vie toute neuve.

MADAME SIRELLI. — Mais pas au point, mon cher Laudisi, d'exclure de sa vie sa propre mère !

LAUDISI. — Il ne s'agit d'exclure personne. Il s'agit, si j'entends bien, d'une mère qui comprend que sa fille ne peut et ne doit plus demeurer unie à elle comme avant, puisqu'elle a désormais une autre existence avec son mari.

MADAME FROLA, *avec une vive reconnaissance.* — Oui, c'est cela, c'est bien cela... Merci... C'est bien ainsi, monsieur.

MADAME CINI. — Mais, sans doute, votre fille vient-elle souvent vous tenir compagnie ?

MADAME FROLA, *sur des charbons ardents.* — Oui... oui... nous nous voyons, certainement !...

SIRELLI, *l'interrompant.* — Mais votre fille ne sort jamais de chez elle ou, du moins, personne ne l'a jamais vue !

MADAME CINI. — Elle a peut-être des enfants qui la retiennent à la maison ?

MADAME FROLA. — Non, pas d'enfant encore, et peut-être n'en viendra-t-il plus, maintenant. Elle est mariée depuis sept ans déjà. Certainement, elle a beaucoup à faire chez elle, mais ce n'est pas la raison... Vous savez, nous autres, femmes, dans ces petits villages du Midi, nous sommes habituées à rester chez nous.

AGAZZI. — Même quand il y a une maman à aller voir, une maman qui n'habite plus avec nous ?

AMÉLIE. — Sans doute, madame va-t-elle chez sa fille !

MADAME FROLA. – Oh, certainement ! j'y vais une ou deux fois par jour !

SIRELLI. – Et vous montez une ou deux fois par jour tous ces escaliers, jusqu'au dernier étage de ce gratte-ciel ?

MADAME FROLA, *à bout de forces, tentant de tourner en plaisanterie le supplice de cet interrogatoire.* – Eh... non... je ne monte pas... Vous avez raison, monsieur, ces escaliers... ce serait beaucoup pour moi... Je ne monte pas... Ma fille se met au balcon, sur la cour, et nous nous voyons, nous nous parlons...

MADAME SIRELLI. – D'en bas ? Vous ne la voyez jamais de près ?

DINA. – Moi, fille, je ne voudrais pas que ma mère montât pour moi tous les jours quatre-vingt-dix ou cent marches d'escalier ; mais je ne pourrais me contenter de lui parler de si loin, sans pouvoir l'embrasser, sans la sentir tout près de moi... Je descendrais...

MADAME FROLA, *vivement troublée, embarrassée.* – Vous avez raison... Eh oui... il faut que je vous dise... Je ne voudrais pas que vous pensiez du mal de ma fille, qu'elle n'a pas d'affection pour moi, qu'elle me manque d'égards..., ni que moi, sa maman... Quatre-vingt-dix, cent marches, est-ce que cela peut empêcher une mère, même si elle est vieille et infirme, d'aller jusqu'à sa fille, pour la presser sur son cœur ?

MADAME SIRELLI, *triomphante.* – Ah ! nous y voilà ! je l'avais bien dit ! Il faut qu'il y ait une raison, une autre raison !

AMÉLIE, *avec intention.* – Tu vois, Lambert, il y a une raison !

SIRELLI, *rapidement.* – C'est votre gendre, n'est-ce pas ?

MADAME FROLA. – Ah ! je vous en prie, ne pensez pas de mal de lui ! Il est si bon, si bon... Vous ne pouvez imaginer à quel point il est bon ! quelle affection, quelle tendresse, toutes les délicatesses, tous les petits soins qu'il a pour moi ! Et je ne parle pas de son amour pour ma fille ! Ah ! vraiment, je n'aurais pu lui souhaiter un meilleur mari !

MADAME SIRELLI. – Mais... alors ?

MADAME CINI. – Alors, cela ne dépend pas de lui ?

AGAZZI. – Mais naturellement ! Il est impossible qu'il interdise à sa femme d'aller voir sa mère ou à sa belle-mère de monter chez lui pour retrouver sa fille !

MADAME FROLA. – Interdire ? Oh, mais non ! Qui a parlé d'interdire quoi que ce soit ? C'est nous, monsieur le secrétaire général, c'est ma fille et moi qui nous en abstenons spontanément, croyez-le bien, par égard pour lui.

AGAZZI. – Comment cela ? De quoi pourrait-il s'offenser ? J'avoue que je ne comprends pas.

MADAME FROLA. – S'offenser, non, monsieur le secrétaire général. Il s'agit d'un sentiment... d'un sentiment assez difficile, peut-être, à comprendre. Mais quand on l'a compris, c'est un sentiment qui n'est pas très difficile à admettre, bien qu'il exige sans aucun doute de ma fille et de moi un très gros sacrifice.

AGAZZI. – Vous reconnaîtrez, madame, que tout ce que vous dites est pour le moins étrange.

SIRELLI. – Oui, et de nature à provoquer et à légitimer toutes les curiosités.

AGAZZI. – La curiosité et, disons aussi, certains soupçons.

MADAME FROLA. – Contre lui ? Ah ! par pitié !... Mais,
quels soupçons, monsieur le secrétaire général ?

AGAZZI. – Je vous en prie, ne vous troublez pas. Certains soupçons... je dis qu'on pourrait soupçonner.

MADAME FROLA. – Non, non, soupçonner quoi ? Notre
accord est parfait ! Nous sommes contentes, tout ce qu'il y a
de plus contentes, ma fille et moi.

MADAME SIRELLI. – Il est peut-être jaloux ?

MADAME FROLA. – Jaloux de la mère de sa femme ?
Non, je ne crois pas qu'on puisse parler de jalousie. Voilà : il
veut le cœur de sa femme tout entier pour lui ; et l'amour
que ma fille peut avoir pour moi (et il admet très bien cet
amour, très bien, vous savez), eh bien ! il veut que cet amour
m'arrive à travers lui, par son intermédiaire, voilà !

AGAZZI. – Ah ! mais c'est de la cruauté !

MADAME FROLA. – Non, non, ce n'est pas de la cruauté, monsieur le secrétaire général... Ne parlez pas de cruauté ! C'est autre chose... Je ne sais pas m'expliquer comme il
faudrait... C'est son tempérament qui est comme cela. Met-
tons, si vous voulez, que c'est une espèce de maladie, c'est le
débordement d'un amour exclusif, c'est comme un mur
d'enceinte à l'intérieur duquel sa femme doit vivre sans jamais en sortir et que personne d'autre que lui ne doit franchir !

DINA. – Même pas une mère ?

SIRELLI. – Mais c'est un fameux égoïste !

MADAME FROLA. – Peut-être. Mais un égoïste qui se donne tout entier, comme un monde, à la femme aimée ! L'égoïste, ce serait moi, si je voulais forcer la porte de cet univers, de cette demeure close par l'amour, si je voulais m'y introduire par force, quand je sais que ma fille, adorée comme elle l'est, y vit heureuse. Cette certitude, n'est-ce pas, mesdames, doit suffire à une mère ? Du reste, je vois ma fille, je lui parle... *(Confidentiellement avec grâce.)* Le petit panier dont je tire la ficelle, dans la cour, emporte chaque fois une lettre de moi, avec les nouvelles de la journée... et il en redescend autant. Cela me suffit ; je m'y suis habituée... résignée... si vous préférez... Je n'en souffre plus.

AMÉLIE. – Après tout... si vous acceptez cela toutes les deux !

MADAME FROLA, *se levant.* – Oh ! oui, je vous l'ai déjà dit... Il est si bon, croyez-le ! On ne peut pas l'être davantage ! Chacun a ses faiblesses, n'est-ce pas ? Il faut se les pardonner réciproquement. *(Elle salue Mme Amélie.)* Madame. *(Elle salue Mmes Sirelli et Cini, puis Dina, et se tournant vers M. Agazzi.)* Vous m'avez pardonnée, n'est-ce pas ?

AGAZZI. – Oh ! madame, je vous en prie ! Nous vous sommes tout à fait obligés de votre visite.

MADAME FROLA *serre la main de Sirelli et de Laudisi, puis, se tournant vers Mme Amélie.)* – Je vous en prie, ne vous dérangez pas, madame... ne vous dérangez pas...

AMÉLIE. – Mais c'est la moindre des choses, madame.

Mme Frola sort, accompagnée par Amélie qui rentre aussitôt.

SIRELLI. – Alors, vous vous contentez de cette explication ?

AGAZZI. – Une explication ? Cela ? Il doit y avoir là-dessous quelque mystère !

MADAME SIRELLI. – Ah ! comme ce pauvre cœur de mère doit souffrir !

DINA. – Mais la fille aussi !

Un silence.

MADAME CINI, *du coin de la pièce où elle s'est réfugiée pour cacher ses pleurs, d'un ton suraigu.* – Les larmes faisaient trembler sa voix !

AMÉLIE. – Oui, oui, quand elle a dit que pour serrer sa fille sur son cœur, elle monterait plus de cent marches !

LAUDISI. – Pour moi, ce qui m'a le plus frappé, c'est qu'elle ne savait comment s'y prendre pour l'excuser !

SIRELLI. – Excuser ! Excuser pareille violence ? pareille barbarie ?

LE DOMESTIQUE, *se présentant sur le seuil.* – Monsieur, il y a là monsieur Ponza qui demande à être reçu.

MADAME SIRELLI. – Oh ! lui !

Surprise générale, mouvements de curiosité extrême et presque d'effroi.

MONSIEUR AGAZZI. – À être reçu par moi ?

LE DOMESTIQUE. – Oui, monsieur, c'est ce qu'il a dit.

MADAME SIRELLI. – Oh ! recevez-le ici, voulez-vous ? J'ai presque peur, mais je suis vraiment curieuse de voir ce monstre de près !

AMÉLIE. – Mais voudra-t-il ?

AGAZZI. – Nous verrons bien. Asseyez-vous. *(Au domestique.)* Faites entrer.

Le domestique s'incline et sort. Peu après entre M. Ponza. Trapu, brun, l'air sombre, tout vêtu de noir, des cheveux noirs, épais, un front bas, grosses moustaches noires de policier. Il serre continuellement les poings et parle avec force. Il semble contenir difficilement sa violence. De temps en temps, il éponge sa sueur avec un mouchoir bordé de noir. Ses yeux, quand il parle, restent constamment durs, fixes, sévères.

AGAZZI. – Je vous en prie, monsieur Ponza ! *(Faisant les présentations.)* Monsieur Ponza, notre nouveau collaborateur de la préfecture. Ma femme, madame Sirelli, madame Cini, ma fille, monsieur Sirelli, Laudisi, mon beau-frère. Asseyez-vous, je vous en prie.

PONZA. – Merci. Cinq minutes et je vous débarrasse.

AGAZZI. – Vous voulez peut-être me parler seul à seul.

PONZA. – Je puis parler devant tout le monde... et même... c'est une déclaration nécessaire de ma part...

AGAZZI. – S'il s'agit de la visite de madame votre belle-mère, c'est inutile...

PONZA. – Non, monsieur le secrétaire général. Il s'agit d'autre chose. Je tiens à vous faire savoir que madame Frola, ma belle-mère, se serait présentée ici sans aucun doute avant que madame et mademoiselle eussent la bonté de l'honorer d'une visite, si je n'avais pas tout fait pour l'en empêcher, ne pouvant permettre en aucun cas qu'elle fasse des visites, ni qu'elle en reçoive.

AGAZZI, *se redressant, offensé.* – Et pourquoi, s'il vous plaît ?

PONZA, *s'emportant malgré tous ses efforts pour se contenir.* – Ma belle-mère a parlé à ces messieurs et à ces dames de sa fille, n'est-ce pas ? Elle vous a dit que je lui défendais de la voir, de monter chez elle ?

AMÉLIE. – Mais, pas du tout ! Madame Frola a été pleine d'égards et de bonté pour vous !

DINA. – Elle n'a dit de vous que du bien !

AGAZZI. – Et elle a dit qu'elle s'abstenait de monter chez sa fille par égard pour un sentiment que, franchement, nous avouons ne pas comprendre.

MADAME SIRELLI. – Et même, s'il fallait vous dire ce que nous en pensons !...

AGAZZI. – Eh bien, oui ! parlons franc... cela nous a semblé une cruauté, une véritable cruauté de votre part !

PONZA. – Je suis précisément ici pour éclaircir ce point, monsieur le secrétaire général. La situation de cette pauvre femme est extrêmement douloureuse. Mais la mienne ne l'est pas moins... et pour m'obliger à m'expliquer... à rendre public ce malheur... il a fallu une violence comme celle dont on a usé envers moi... Cette violence me contraint à tout dévoiler. *(Il s'arrête un moment, puis d'une voix lente, détachant les syllabes.)* Madame Frola est folle.

TOUS, *sursautant.* – Folle ?

PONZA. – Depuis quatre ans.

MADAME SIRELLI, *avec un cri.* – Oh ! mon Dieu ! Mais on ne le dirait pas du tout !

AGAZZI, *stupéfait.* – Folle ! Comment cela ?

PONZA. – On ne le dirait pas, mais elle est folle, et sa folie consiste précisément en ceci : elle croit que je refuse de lui montrer sa fille. *(Avec une émotion atroce et presque féroce.)* Et comment pourrais-je lui montrer sa fille... Sa fille est morte depuis quatre ans.

TOUS, *épouvantés.* – Morte ? Oh !... comment cela ? Morte ?

PONZA. – Depuis quatre ans. C'est cela qui l'a rendue folle.

SIRELLI. – Mais alors, votre femme ?

PONZA. – Je l'ai épousée, il y a deux ans, en secondes noces.

AMÉLIE. – Et alors, elle croit que c'est encore sa fille ?

PONZA. – C'est ce qui l'a sauvée, si on peut s'exprimer ainsi. Elle me vit passer dans la rue avec ma seconde femme, de la fenêtre de la pièce où nous la gardions... Elle a cru revoir sa fille, et elle s'est mise à rire, à trembler de tous ses membres... Du jour au lendemain elle échappa au morne désespoir qui la tenait pour tomber dans cette nouvelle folie... Les premiers temps elle exultait, elle débordait de joie... Maintenant elle est plus calme ; elle s'est résignée d'elle-même à ne plus venir chez moi, ce qui mêla un peu de tristesse à sa folie... Mais elle est contente quand même, comme vous avez pu le voir... Elle s'obstine à croire qu'il n'est pas vrai que sa fille soit morte, et que je veux la garder tout entière pour moi, l'empêcher de la voir. On la dirait guérie et, à l'entendre parler, elle n'a rien d'une folle.

AMÉLIE. – Ah ! mais, rien du tout !

MADAME SIRELLI. – Et vous dites qu'elle est contente comme cela ?

PONZA. – Elle le dit à tout le monde, et elle a vraiment pour moi une grande affection et de la gratitude. C'est que je fais de mon mieux pour ne pas contrarier sa folie... au prix de lourds sacrifices matériels. J'ai deux ménages à entretenir au lieu d'un... J'oblige ma femme qui, heureusement, a la charité de se prêter à ce jeu, à lui procurer l'illusion qu'elle est sa fille. Elle se met à la fenêtre, elle lui parle, elle lui écrit. Mais ce devoir de charité ne peut aller au delà de certaines limites... Je ne peux vraiment pas contraindre ma femme à vivre avec elle ! Et alors, cette malheureuse vit comme emprisonnée, toujours enfermée à clé, par crainte que l'autre ne veuille entrer chez elle... Oui, sa folie est tranquille et puis elle a une nature si douce ! Mais comprenez l'horreur, l'horreur physique qu'aurait ma femme à recevoir ses caresses... Ce serait une chose déchirante d'ailleurs.

AMÉLIE, *éclatant, avec horreur et pitié tout ensemble.* – Oh ! certainement ! la pauvre femme ! C'est trop naturel !

MADAME SIRELLI, *à son mari et à Mme Cini.* – Alors, c'est sa femme qui veut qu'il l'enferme à clé ?

PONZA, *pour couper court.* – Monsieur le secrétaire général, vous comprenez que je ne pouvais laisser ma belle-mère venir ici que contraint et forcé.

AGAZZI. – Ah ! je comprends, je comprends maintenant ; je m'explique tout.

PONZA. – L'homme qui est la victime d'un pareil malheur doit demeurer à l'écart. Obligé de vous envoyer ma belle-mère, je ne pouvais me dispenser de vous faire cette déclaration, par respect pour la situation que j'occupe et pour qu'on ne puisse croire en ville à pareil scandale de la part d'un fonctionnaire : oui, pour qu'on ne puisse pas croire que par jalousie ou pour toute autre raison, j'empêche une pauvre mère de voir sa fille ! *(Il se lève.)* Monsieur le secrétaire général. *(Il s'incline devant Laudisi et Sirelli.)* Messieurs.

Il s'incline encore et sort par la porte du fond.

AMÉLIE, *abasourdie*. – Oh !... alors... c'est une folle !

MADAME SIRELLI. – La pauvre femme ! Folle !

DINA. – Voilà la raison ! Il fallait qu'il y eût quelque chose dans ce genre !

MADAME CINI. – Mais qui aurait pu imaginer chose pareille ?

AGAZZI. – Eh... tout de même ! elle avait une façon de parler !...

LAUDISI. – Tu l'avais déjà deviné, toi ?

AGAZZI. – Non... mais il est certain qu'elle avait une manière de parler.

MADAME SIRELLI. – La pauvre femme..., elle n'a plus sa tête à elle !

SIRELLI. – Oui... pourtant... il est bien étrange qu'une folle (elle n'a plus sa tête à elle, c'est entendu !) cherche à expliquer avec tant de soin pourquoi son gendre ne veut pas lui laisser voir sa fille ; cette façon de lui trouver des excuses et de se plier d'elle-même... hum !

AGAZZI. – Mais c'est précisément la preuve qu'elle est folle ! Elle avait une façon de trouver pour son gendre des excuses qui n'en étaient pas...

AMÉLIE. – Mais oui, on ne comprenait rien à ce qu'elle disait.

AGAZZI. – Mais si elle n'était pas folle, crois-tu qu'elle pourrait accepter de pareilles défaites ? Cette interdiction de voir sa fille autrement que de loin ?

SIRELLI. – Et vous croyez qu'une folle accepterait, qu'elle se résignerait plus facilement ?... Eh bien, à moi, cela me semble étrange !... *(À Laudisi.)* Et toi, qu'en dis-tu ?

LAUDISI. – Moi ? rien du tout !

LE DOMESTIQUE, *frappant à la porte et se présentant sur le seuil, troublé.* – C'est encore madame Frola.

AMÉLIE, *avec effroi.* – Oh, mon Dieu ! qu'allons-nous faire maintenant ? Nous n'allons plus pouvoir nous en débarrasser !

MADAME SIRELLI. – Ah ! je vous comprends : une folle !

MADAME CINI. – Mon Dieu, mon Dieu !... que va-t-elle nous raconter ?

SIRELLI. – Eh bien, moi, je serais curieux de l'entendre encore.

DINA. – Mais oui, maman... il ne faut pas avoir peur... Elle est si calme !

AGAZZI. – Il faut la recevoir, il n'y a pas de doute. Nous saurons ce qu'elle veut et, si c'est nécessaire, nous prendrons des mesures. Allons, asseyez-vous. Tout le monde assis. Il faut rester assis. *(Au domestique.)* Faites entrer.

Le domestique sort.

AMÉLIE. – Vous m'aiderez, n'est-ce pas ? Je ne sais plus comment lui parler maintenant.

Rentrée de Mme Frola. Amélie se lève et va toute craintive à sa rencontre ; les autres la regardent, effrayés.

MADAME FROLA. – Je ne vous dérange pas ?

AMÉLIE. – Je vous en prie, entrez donc, madame… Nos amis sont encore là.

MADAME FROLA, *avec une affabilité pleine de dignité, souriant.* – Tous, vous me regardez… et vous aussi, chère madame, comme une pauvre folle, n'est-ce pas ?

AMÉLIE. – Mais que dites-vous là, madame ?

MADAME FROLA, *avec un profond soupir de regret.* – Ah, madame, mon impolitesse valait mieux, quand je vous ai laissée devant la porte sans vous ouvrir, la première fois ! Je n'aurais jamais supposé que vous reviendriez une seconde fois et m'obligeriez à cette visite dont, hélas, j'avais prévu les conséquences !

AMÉLIE. – Mais non, pourquoi cela ?

DINA. – Quelles conséquences, madame ?

MADAME FROLA. – Mon gendre sort bien d'ici, à l'instant ?

AGAZZI. – Oui... il est venu, madame, me parler de certaines affaires... du bureau...

MADAME FROLA, *blessée, avec consternation.* – C'est là le pieux mensonge que vous imaginez pour me tranquilliser...

AGAZZI. – Mais non, mais non, madame... Soyez sûre que je dis la vérité...

MADAME FROLA. – Au moins, était-il calme ? A-t-il parlé avec calme ?

AGAZZI. – Mais oui, il était calme, très calme, n'est-ce pas.

Tout le monde confirme d'un geste d'assentiment.

MADAME FROLA. – Oh, mon Dieu, messieurs, vous croyez me rassurer, et c'est moi, qui voudrais, au contraire, vous rassurer sur son compte !

MADAME SIRELLI. – Mais à propos de quoi, madame ?...

AGAZZI. – Je vous répète qu'il a parlé avec moi des affaires du bureau...

MADAME FROLA. – Il me suffit de voir de quelle manière vous me regardez... Pardonnez-moi ! ce que j'en dis, ce n'est pas pour moi. Je m'aperçois bien qu'il est venu ici vous prouver ce que, pour tout l'or du monde, je n'aurais jamais révélé ! Vous êtes tous témoins qu'il y a un instant, quand vous m'adressiez ces demandes qui, croyez-le bien, m'ont été bien cruelles, je ne savais comment y répondre... J'ai donné de notre façon de vivre une explication qui, je le sais bien, ne pouvait satisfaire personne. Mais est-ce que je pouvais vous dire la véritable raison ? Pouvais-je vous dire, comme il le dit lui-même, que ma fille est morte depuis quatre ans et que je suis une pauvre folle qui la crois encore vivante, quoiqu'il ne veuille pas la lui montrer ?

AGAZZI, *ébranlé par le profond accent de sincérité de Mme Frola.* – Mais... comment cela ? Votre fille ?

MADAME FROLA, *avec anxiété et consternation.* – Vous voyez que c'est vrai ! Pourquoi nier ? C'est bien ce qu'il vous a dit, n'est-ce pas ?

SIRELLI, *hésitant, mais l'étudiant avec attention.* – Oui... en effet... il a dit...

MADAME FROLA. – Naturellement ! Je le savais ! et je sais le trouble qu'il éprouve quand il est obligé de parler ainsi de moi ! C'est un malheur, monsieur le secrétaire général, que nous n'avons pu surmonter – au prix de quels efforts et de quels chagrins ! de quelle anxiété aussi ! – qu'à la condition de vivre comme nous vivons. Malheureusement, je le comprends trop, cette façon de vivre attire l'attention des gens. Elle provoque le scandale, les soupçons. Mais, d'autre part, lui est un excellent fonctionnaire, plein de zèle et de conscience. Vous en avez déjà fait l'expérience, n'est-ce pas ?

AGAZZI. – À vrai dire, je n'en ai pas eu encore l'occasion.

MADAME FROLA. – Je vous en supplie, ne vous arrêtez pas aux apparences ! C'est un homme excellent : tous ses supérieurs l'ont déclaré ! Et alors, pourquoi le tourmenterait-on à cause de sa vie familiale, à cause de ce malheur, je vous le répète, que nous avons déjà surmonté et qui pourrait, si on le révélait, compromettre toute sa carrière ?

AGAZZI. – Je vous en prie, madame, ne vous tourmentez pas ainsi. Personne ne veut de mal à votre gendre.

MADAME FROLA. – Mon Dieu, comment voulez-vous que je ne me désole pas quand je le vois donner à tout le monde une explication aussi absurde qu'horrible ? Pouvez-vous croire sérieusement que ma fille est morte, que je suis folle, que celle qui vit avec lui est sa seconde femme ? Mais c'est un besoin pour lui, croyez-le... c'est un besoin ! Nous n'avons pu lui rendre le calme et la confiance qu'à cette condition. Il se monte, il est tout bouleversé quand il est obligé d'en parler, car il sent lui-même l'abus qu'il commet en disant certaines choses : vous l'avez certainement remarqué.

AGAZZI. – En effet... en effet... il était assez agité.

MADAME SIRELLI. – Mais alors... mon Dieu !... c'est lui ?

SIRELLI. – Mais naturellement, c'est lui ! *(Triomphant.)* Je vous l'avais bien dit !

AGAZZI. – Est-il possible ?

Agitation de tous les autres.

MADAME FROLA, *joignant les mains.* – Je vous en supplie, messieurs, n'allez rien imaginer d'autre ! C'est uniquement ce point qu'il ne faut pas toucher devant lui ! Voyons, laisserais-je ma fille seule avec lui, enfermée là-bas, s'il en était autrement ? Et d'ailleurs, monsieur le secrétaire général, vous pourrez vous en rendre compte au bureau, où il fait ce qu'il a à faire de la façon la plus exemplaire !

AGAZZI. – Ah ! madame, il faut absolument que vous vous expliquiez ! Est-il possible que votre gendre soit venu ici nous raconter une histoire de brigands ?

MADAME FROLA. – Oui, monsieur, oui, je vais tout vous raconter. Mais il faudra avoir pitié de lui, monsieur le secrétaire général !

AGAZZI. – Comment ? Alors, il n'est pas vrai que votre fille soit morte ?

MADAME FROLA, *avec horreur.* – Dieu m'en préserve !

AGAZZI, *au comble de l'irritation, criant.* – Mais alors, c'est lui qui est fou !

MADAME FROLA, *suppliante.* – Mais non... je vous en prie... écoutez-moi !

SIRELLI, *triomphant.* – Mais si, voyons ! Il doit être fou !

MADAME FROLA. – Non, écoutez-moi... Écoutez-moi... Il n'est pas fou ! Il ne l'est pas ! Laissez-moi parler... Vous l'avez vu, il est si sanguin de tempérament... si violent... Quand il s'est marié, il a été pris d'une véritable frénésie d'amour. Il a manqué tuer ma fille qui, elle, est plutôt délicate... Sur le conseil des docteurs et des parents, de ses propres parents, (les pauvres, ils ont disparu !) on lui a arraché sa femme en cachette et on l'a conduite dans une maison de santé. Et alors, lui, que ses excès avaient déjà un peu transformé... quand il ne la trouva plus chez lui, ah, mesdames ! il tomba dans un désespoir furieux ! Il crut que sa femme était morte ! On ne put rien lui faire entendre. Il s'habilla de noir. Il commit mille folies, et on ne put l'arracher à cette idée fixe. Si bien qu'un an après, quand ma fille, tout à fait remise et qui avait retrouvé une santé florissante, lui fut rendue, il refusa de la reconnaître. Il disait : « Non, ce n'est pas elle ! » Il la regardait et il recommençait : « Non, non, ce n'est pas elle ! » Ah ! quel déchirement ! Il s'approchait d'elle ! On aurait dit qu'il allait la reconnaître, et il recommençait : « Non, non, ce n'est pas elle ! » Pour la lui faire reprendre, avec la complicité de quelques amis, nous fûmes obligés de simuler un second mariage.

MADAME SIRELLI. – Ah ! c'est pour cela qu'il dit ?...

MADAME FROLA. – Oui ; mais il y a longtemps qu'il ne croit plus à cette histoire, lui non plus ! Seulement c'est un besoin chez lui de la laisser croire aux autres ! Il ne peut pas s'en empêcher. C'est comme pour s'en convaincre lui-même. C'est aussi, peut-être, parce que, de temps en temps, la peur l'envahit qu'on lui enlève encore sa petite femme. *(À voix basse, confidentiellement, en souriant.)* C'est pour cela qu'il l'enferme à clé. Ah ! il la veut toute pour lui. Mais il l'adore, j'en suis sûre, et ma fille est heureuse. *(Elle se lève.)* Je me sauve. Je ne veux pas qu'il rentre chez lui tout de suite, s'il est tellement agité. *(Elle soupire doucement, en agitant ses mains jointes.)* Patience ! Cette pauvre petite qui doit faire croire qu'elle n'est plus elle, mais une autre... et moi, moi, qui dois simuler la folie ! Mais comment faire autrement ? Pourvu qu'il soit calme, lui ! Ne vous dérangez pas, je vous en prie, je connais le chemin. Au revoir, messieurs. Je vous salue bien.

Tout en souriant, elle se retire en hâte, par la porte du fond. Tous demeurent debout, stupéfaits, comme pétrifiés, s'interrogeant des yeux. Silence.

LAUDISI, *s'avançant au milieu.* – Vous vous regardez tous dans les yeux ? Hein ? La vérité ? *(Il éclate de rire.)* Ah ! ah ! ah ! ah !

Rideau.

ACTE DEUXIÈME

Le cabinet de travail de M. Agazzi. Meubles anciens ; tableaux anciens pendus aux murs. Une porte au fond avec tenture. Porte à gauche donnant sur le salon, dissimulée également sous une tenture. À droite, vaste cheminée surmontée d'un grand miroir. Sur la table de travail un appareil téléphonique. Canapé, fauteuils, chaises, etc.

AGAZZI, *debout devant son bureau, le récepteur de l'appareil téléphonique à l'oreille. Laudisi et Sirelli, assis, regardent dans sa direction, attendant.* – Allô ! Oui... Je parle avec Centuri ? Eh bien ?... Ah ! bien... *(Il écoute longuement, puis)* : Ah ! diable ! ce n'est pas possible ! *(Il écoute de nouveau longuement, puis.)* Je comprends bien, mais en multipliant les recherches... *(Une longue pause, puis.)* Ah ! il est vraiment extraordinaire, écoutez, qu'on ne puisse pas... *(Une pause.)* Je comprends, oui... je comprends... *(Une pause.)* Alors, voyez un peu... Au revoir...

Il raccroche le récepteur et fait quelques pas.

SIRELLI, *anxieux.* – Eh bien ?

AGAZZI. – Rien.

SIRELLI. – On ne trouve rien ?

AGAZZI. – Tout est dispersé ou détruit... L'hôtel de ville... les archives... l'état civil...

SIRELLI. – Mais enfin, il y a bien quelque survivant qui pourrait servir de témoin ?

AGAZZI. – On ne connaît pas de survivants, et, s'il en existe, les recherches sont extrêmement difficiles !

SIRELLI. – Alors, il ne nous reste qu'à croire ce que nous raconte l'un ou ce que nous raconte l'autre, sans preuves ?

AGAZZI. – Malheureusement !

LAUDISI, *se levant.* – Voulez-vous suivre mon conseil ? Croyez-les tous les deux.

AGAZZI. – Ah, oui, et comment cela ?

SIRELLI. – L'un dit blanc et l'autre noir !

LAUDISI. – Alors, ne croyez ni l'un ni l'autre.

SIRELLI. – Tu veux plaisanter. Les preuves manquent, les données de fait, mais la vérité, il n'y a aucun doute, elle est ou d'un côté ou de l'autre !

LAUDISI. – Les données de fait... oui ! Et qu'est-ce que tu en tirerais ?

AGAZZI. – Tout de même ! L'acte de décès de la fille, par exemple, si c'est madame Frola qui est folle. Malheureusement, on ne le trouve pas, on ne trouve plus rien !... Mais il pourrait exister ; on pourrait le trouver ce soir, demain, et, alors, si on le trouvait, cet acte de décès, c'est bien clair : c'est le gendre qui aurait raison.

SIRELLI. – Pourrais-tu nier l'évidence, si, demain, cet acte t'était présenté ?

LAUDISI. – Moi ? Mais je ne nie rien du tout, moi ! C'est vous, ce n'est pas moi, qui avez besoin de données des faits, de documents pour affirmer ou pour nier. Moi, je n'en ai pas le moindre besoin. Pour moi, la réalité ne réside pas dans ces documents ; elle réside dans l'âme de ces deux êtres, et, cette âme, je ne puis espérer y pénétrer. Je n'ai qu'à croire ce qu'ils m'en racontent.

SIRELLI. – À merveille ! Ils te disent justement que l'un des deux est fou : ou c'est lui qui est fou, ou c'est elle qui est folle. Tu ne sors pas de ce dilemme : lequel des deux ?

AGAZZI. – C'est toute la question !

LAUDISI. – Tout d'abord il n'est pas vrai qu'ils le disent tous les deux. Monsieur Ponza l'a dit de sa belle-mère, mais madame Frola le nie. Non seulement elle se défend d'être folle, mais elle soutient que son gendre ne l'est pas. Tout au plus, dit-elle qu'il a eu le cerveau un peu altéré, par suite de cet amour excessif, mais autrefois. Aujourd'hui il est guéri, parfaitement guéri.

SIRELLI. – Alors tu es comme moi, tu as tendance à croire ce que dit la belle-mère ?

AGAZZI. – Ah ! il est certain que si on s'en tient à ce qu'elle dit, tout peut très bien s'expliquer.

LAUDISI. – Mais tout s'explique aussi bien si on croit ce que raconte le gendre !

SIRELLI. – Alors, aucun des deux n'est fou, selon toi ? Mais, saperlipopette, il faut bien que l'un des deux soit fou !

LAUDISI. – Et lequel ? Vous ne pouvez pas le dire, personne ne peut le dire ! Et ce n'est pas parce que ces preuves que vous recherchez n'existent pas, ont été perdues ou détruites, par un accident quelconque : un incendie, un tremblement de terre. Non, mais c'est parce que ces preuves, ils les ont détruites eux-mêmes, en eux, dans leur âme. Comprendrez-vous enfin ? Ils ont imaginé, lui pour elle, elle pour lui, une fiction qui a la consistance même de la réalité, et ils vivent désormais en parfait accord, réconciliés dans cette idée... Cette réalité-là, aucun document ne pourra la détruire : ils la respirent, ils la voient, ils la sentent, ils la touchent ! Ce document, il pourrait tout au plus vous servir à vous, pour satisfaire une sotte curiosité. Vous ne l'avez pas, et vous voilà condamnés à ce merveilleux supplice d'avoir devant vous, à côté de vous, d'une part la fiction, et d'autre part la réalité, sans être capables de distinguer l'une de l'autre !

AGAZZI. – Tout cela, mon cher, c'est de la philosophie ! Nous allons bien voir si ce n'est pas possible !

SIRELLI. – Nous avons entendu séparément l'un et l'autre ; mais en les confrontant, crois-tu que nous ne découvrirons pas de quel côté est la fiction et de quel côté est la réalité ?

LAUDISI. – Je vous redemande la permission de continuer à rire jusqu'au bout.

AGAZZI. – Très bien, très bien ; rira bien qui rira le dernier. Ne perdons pas de temps. *(Il va à la porte de gauche et appelle.)* Amélie ! Mesdames, voulez-vous venir par ici !

MADAME SIRELLI, *menaçant Laudisi du doigt.* – Encore vous ? Toujours vous ?

SIRELLI. – Il est incorrigible !

MADAME SIRELLI. – Je ne peux pas comprendre que vous n'ayez pas la même envie que nous de percer ce mystère ! Nous en perdrons la tête... Moi d'abord, je n'ai pas fermé l'œil de la nuit !

AGAZZI. – Je vous en prie, madame, laissez-le dire !

LAUDISI. – Écoutez plutôt mon beau-frère, il vous prépare un bon sommeil pour la nuit prochaine.

AGAZZI. – Alors, nous sommes bien d'accord : vous allez chez madame Frola...

AMÉLIE. – Est-ce que nous serons reçues ?

AGAZZI. – Oh, je crois que oui !

DINA. – Nous lui rendons sa visite.

AMÉLIE. – Mais s'il est là, et qu'il ne veuille pas permettre que madame Frola reçoive des visites ?

SIRELLI. – Jusqu'ici c'était naturel ! Personne encore ne savait rien, mais à présent que madame Frola a été obligée de parler et qu'elle a expliqué à sa façon la raison de sa sauvagerie...

MADAME SIRELLI, *continuant.* – Elle aura même plaisir, peut-être, à nous parler de sa fille.

DINA. – Elle est si gentille ! Pour moi, vous savez, il n'y a aucun doute, c'est lui qui est fou !

AGAZZI. – Pas de jugement précipité !... Écoutez-moi bien. *(Il regarde sa montre.)* Vous resterez peu de temps, un quart d'heure, pas plus.

SIRELLI, *à sa femme.* – Je t'en prie, écoute ce qui se dit !

MADAME SIRELLI, *en colère.* – Pourquoi me dis-tu cela ?

SIRELLI. – Si tu commences à parler...

DINA, *pour empêcher une querelle entre eux.* – Un quart d'heure, un quart d'heure, je vous promets d'y veiller.

AGAZZI. – Moi, je vais jusqu'à la Préfecture… Je serai de retour ici à onze heures, dans une vingtaine de minutes.

SIRELLI, *anxieux.* – Et moi ?

AGAZZI. – Attends un peu. *(Aux dames.)* Vous trouverez le moyen, un peu avant, d'amener madame Frola ici.

AMÉLIE. – Le moyen… mais quel moyen ?

AGAZZI. – Un moyen quelconque ! Vous le trouverez en parlant… Vous y arriverez bien ; il y a Dina, il y a madame… Vous entrerez, bien entendu, dans le salon. *(Il va à la porte de gauche et l'ouvre toute grande, après avoir écarté la tenture.)* Cette porte doit rester comme ceci, grande ouverte… comme ça… de façon qu'on vous entende parler d'ici. Je laisse sur mon bureau ce dossier, que j'ai préparé exprès pour monsieur Ponza. Je fais semblant de l'avoir oublié à la maison et je l'amène ici avec moi, et alors…

SIRELLI. – Mais pardon, et moi, quand devrai-je venir ?

AGAZZI. – Toi, quelques minutes après onze heures, quand ces dames seront déjà au salon et moi ici avec lui. Toi, tu viens prendre ta femme ; tu te fais introduire chez moi, et alors… j'inviterai tout le monde à entrer ici dans mon bureau…

LAUDISI, *rapide.* – Et l'on connaîtra la vérité !

DINA. – Mais voyons, tonton, quand ils seront là, face à face…

AGAZZI. – Mais sapristi ! N'écoutez pas ce qu'il raconte !… Et maintenant, allez. Il n'y a pas une minute à perdre !

MADAME SIRELLI. – Oui, oui, nous y allons ! *(À Laudisi.)* Vous, je ne vous salue pas !

LAUDISI. – Et moi, madame, je me salue pour vous ! *(Il se donne une poignée de mains à lui-même.)* Bonne chance !

Amélie, Dina, Mme Sirelli sortent.

AGAZZI, *à Sirelli.* – Nous sortons aussi.

SIRELLI. – Mais oui, allons. Au revoir, Lambert.

LAUDISI. – Au revoir, au revoir.

Agazzi et Sirelli sortent.

LAUDISI *se promène d'abord de long en large dans le bureau, en ricanant et en secouant la tête, puis s'arrêtant devant le grand miroir qui est au-dessus de la cheminée, il se contemple et commence à parler avec son double.* – Ah ! te voilà, toi ! *(Il salue son image avec deux doigts, en clignant de l'œil d'un air malin, puis il ricane.)* Dis donc, mon cher, lequel est fou de nous deux ? *(Il pointe son index contre son double qui, de son côté, pointe l'index contre lui, ricanant toujours.)* Je dis que c'est toi ! et tu me renvoies la balle, tu me dis : « C'est toi !... » N'insistons pas, va ; en tête à tête, nous savons parfaitement tous les deux qui nous sommes... Ah ! si nous étions seuls au monde, il n'y aurait aucune difficulté... Mais il y a les autres, voilà le malheur. Ils ne te voient pas, comprends-tu, de la même façon que moi... Et sais-tu ce que tu deviens pour les autres ? Un fantôme, mon cher, un simple fantôme. Et pourtant, vois comme ces gens sont stupides. Les voilà, dévorés de curiosité, qui galopent après les autres pour les saisir. Comme si on pouvait saisir des fantômes...

Le domestique entre et reste stupéfait en entendant les dernières paroles adressées par Laudisi au miroir, puis il appelle.

LE DOMESTIQUE. – Monsieur Lambert ?

LAUDISI. – Quoi donc ?

LE DOMESTIQUE. – Il y a deux dames. Madame Cini et une autre.

LAUDISI. – Elles me demandent ?

LE DOMESTIQUE. – Elles ont demandé madame. J'ai dit qu'elle était en visite chez madame Frola, et alors...

LAUDISI. – Alors quoi ?

LE DOMESTIQUE. – Elles se sont regardées dans les yeux, puis elles ont dit : « Ah oui ? Ah oui ? », et elles ont demandé s'il n'y avait personne à la maison.

LAUDISI. – Vous avez répondu qu'il n'y avait personne ?

LE DOMESTIQUE. – J'ai répondu que monsieur était là.

LAUDISI. – Moi ? Non. Pas moi. Tout au plus celui qu'elles connaissent.

LE DOMESTIQUE, *au comble de la stupéfaction.* – Monsieur dit ?

LAUDISI. – Comment ?... croyez-vous que c'est la même chose ?

LE DOMESTIQUE, *avec un pâle sourire.* – Je ne comprends pas.

LAUDISI. – À qui êtes-vous en train de parler en ce moment ?

LE DOMESTIQUE, *pétrifié.* – À qui... à qui je suis en train de parler ?... Mais à Monsieur...

LAUDISI. – Et vous êtes tout à fait sûr que je sois le même que celui que demandent ces dames ?

LE DOMESTIQUE. – Mais... je ne sais pas... Ces dames ont dit : « Le frère de Madame... »

LAUDISI. – Ah mon pauvre ami ! Eh bien, oui, alors ! c'est moi... Faites-les entrer, faites-les entrer...

Le domestique se retire en se retournant plusieurs fois pour regarder Laudisi comme s'il n'en croyait pas ses yeux.

MADAME CINI. – Peut-on entrer ?

LAUDISI. – Entrez, entrez, madame.

MADAME CINI. – On m'a dit que madame Agazzi n'était pas là. J'avais amené avec moi ma bonne amie, madame Nenni... *(Elle fait les présentations. C'est une vieille, plus gauche et plus antipathique encore qu'elle, dévorée, elle aussi, de curiosité, mais prudente et réservée.)*... qui avait un si grand désir de connaître madame...

LAUDISI, *l'interrompant.* – Frola ?

MADAME CINI. – Non, non ! Madame votre sœur.

LAUDISI. – Elle sera là dans un instant, et madame Frola aussi. Asseyez-vous, je vous en prie. *(Il les invite à s'asseoir sur le canapé, puis se glisse avec grâce entre elles deux.)* Vous permettez ?... Et madame Sirelli également.

MADAME CINI. – Oui, nous le savions.

LAUDISI. – Et vous savez, tout est préparé. Oh, ce sera une scène extraordinairement intéressante ! Plus que quelques minutes avant le lever du rideau. C'est pour 11 heures. Parfaitement.

MADAME CINI, *interdite.* – Préparé ? Mais qu'est-ce qui est préparé ?

LAUDISI, *mystérieux, avec un geste des doigts, indiquant une rencontre.* – La confrontation. *(Geste d'admiration, puis :)* Une idée merveilleuse !

MADAME CINI. – Quelle confrontation ?

LAUDISI. – De tous les deux. Oui, ici-même.

MADAME CINI. – Monsieur Ponza ?

LAUDISI, *montrant le salon.* – Et elle, là.

MADAME CINI. – Madame Frola ?

LAUDISI. – Oui, madame. *(Reprenant, d'abord avec un geste expressif de la main, puis expliquant.)* Et puis tout le monde ici ! Une idée géniale !

MADAME CINI. – Pour arriver à savoir ?

LAUDISI. – La vérité ! Mais on la sait déjà ! Il ne s'agit plus maintenant que de la démasquer.

MADAME CINI, *avec surprise et une très vive anxiété.* – Ah ! on sait déjà ? Et lequel est-ce, lequel des deux ?

LAUDISI. – Voyons un peu. D'après vous, lequel est-ce ?

MADAME CINI, *au comble de la joie, hésitante.* – Mon Dieu ? Moi je...

LAUDISI. – Elle ou lui ? Devinez... Un peu de courage !

MADAME CINI. – Eh bien... pour moi... c'est lui !

LAUDISI *la regarde une minute, puis.* – C'est bien lui !

MADAME CINI. – Oui, ah, ah ! vraiment ? Ah ! ce ne pouvait être que lui !

MADAME NENNI. – Lui ? Nous autres femmes, nous le désirions toutes !

MADAME CINI. – Et comment a-t-on fait pour le savoir. On a trouvé des preuves, n'est-ce pas ? des documents ?

MADAME NENNI. – C'est la police, hein ? Oh, nous le disions bien ! Il n'était pas possible qu'on ne découvrît pas le pot aux roses, grâce à l'autorité préfectorale !

LAUDISI, *de la main, leur fait signe de se rapprocher de lui, puis tout bas, d'un ton de mystère, détachant les syllabes.* – L'acte du second mariage.

MADAME CINI, *comme si elle avait reçu un coup de poing sur le nez.* – Du second mariage ?

MADAME NENNI, *ne comprenant pas.* – Comment, comment ? Du second mariage ?

MADAME CINI, *contrariée.* – Mais alors... c'est lui qui aurait raison ?

LAUDISI. – Eh !... les données de fait, chère madame ! L'acte du second mariage, à ce qui semble, parle clairement !

MADAME NENNI, *pleurant presque.* – Mais alors, c'est elle qui est folle !

MADAME CINI. – Mais comment ? Vous nous avez dit d'abord que c'était lui, et maintenant vous dites que c'est elle !

LAUDISI. – Oui. Parce que cet acte, chère madame, cet acte du second mariage peut très bien être, comme l'a affirmé madame Frola, un acte fictif, comprenez-vous ? établi avec la complicité de ses amis, pour ne pas contrarier son idée fixe que sa femme n'était plus la même, mais une autre.

MADAME CINI. – Ah mais, alors... ce serait un acte sans aucune valeur ?

LAUDISI. – Entendons-nous bien... Cet acte, chère madame, a la valeur que chacun veut bien lui attribuer ! Voyons, n'y a-t-il pas aussi les lettres que madame Frola prétend recevoir chaque jour de sa fille, dans la cour, par le moyen du petit panier ? Ces lettres existent, n'est-ce pas ?

MADAME CINI. – Et alors ?

LAUDISI. – Et alors, ce sont des documents, madame ! Ce sont des documents aussi, ces lettres ! Mais tout dépend de la valeur que vous leur conférez ! Monsieur Ponza arrive, vous dit que ce sont de fausses lettres, écrites pour ne pas contrarier l'idée fixe de madame Frola.

MADAME CINI. – Mais alors, mon Dieu ! on ne sait rien de certain...

LAUDISI. – Comment rien, comment rien... n'exagérons pas ! Il y a des choses qu'on sait. Combien il y a de jours dans la semaine par exemple. Il y en a sept ! lundi, mardi, mercredi... et de mois dans l'année, il y en a douze : janvier, février, mars...

MADAME CINI. – Ah ! nous avons compris. Vous voulez plaisanter !

DINA *arrive en courant par la porte du fond.* – Tonton, écoute un peu... *(Elle s'arrête en apercevant Mme Cini.)* Oh ! madame, vous ici ?

MADAME CINI. – Oui, j'étais venue...

LAUDISI. – Avec madame Cenni.

MADAME NENNI. – Non pas Cenni, Nenni.

LAUDISI. – Ah oui ! Nenni... qui a le plus vif désir de connaître madame Frola.

MADAME NENNI. – Mais... pardon...

MADAME CINI. – Il continue à se moquer de nous !... Ah ! si vous saviez, mademoiselle, comme il s'est moqué de nous !

DINA. – Et si vous saviez comme il est méchant en ce moment avec nous aussi ! Pardonnez-lui... Tout est prêt... Je vais dire à maman que vous êtes là, et ce sera suffisant. Ah, mon oncle ! si tu l'entendais ! quelle petite vieille adorable ! comme elle parle ! quelle bonté ! Elle nous a montré toutes les lettres de sa fille.

MADAME CINI. – Oui... mais... si, comme précisément Monsieur Laudisi nous le disait...

DINA. – Et qu'est-ce qu'il en sait, lui ? Il ne les a pas lues ?

MADAME NENNI. – Ces lettres ne sont peut-être pas sincères ?

DINA. – Pas sincères ! Ne l'écoutez pas ! Comment une mère pourrait-elle se tromper sur les sentiments de sa propre fille ? la dernière lettre, celle d'hier... *(Elle s'interrompt en entendant dans le salon, un bruit de voix.)* Ah ! les voilà ! Elles sont déjà là !

Elle regarde par la porte du salon.

MADAME CINI, *courant après elle*. – Avec elle ? Avec madame Frola ?

DINA. – Oui, venez. Il faut que nous restions toutes dans le salon. Il est déjà onze heures, mon oncle !

AMÉLIE, *agitée, entrant par la porte du salon*. – C'est tout à fait inutile ! Il n'y a absolument pas besoin d'autres preuves !

DINA. – Oh certainement ! C'est bien ce que je pensais. Il n'y a pas besoin d'autres preuves !

AMÉLIE, *saluant en hâte Mme Cini, sans cacher son apitoiement et son anxiété*. – Chère madame.

MADAME CINI, *présentant Mme Nenni*. – Madame Nenni, que j'avais amenée avec moi.

AMÉLIE, *saluant en hâte Mme Nenni*. – Très heureuse, madame. Il n'y a plus de doute ! C'est lui !

MADAME CINI. – C'est lui, n'est-ce pas ? C'est bien lui ?

DINA. – Si on pouvait empêcher, en prévenant papa, cette pauvre dame de tomber dans ce traquenard.

AMÉLIE. – Oui, nous l'avons amenée avec nous, comme c'était convenu. J'ai l'impression de commettre une trahison !

LAUDISI. – Mais oui, c'est indigne ! Vous avez parfaitement raison ! D'autant plus qu'il commence à me sembler enfin que ce doit être elle ! C'est certainement elle !

AMÉLIE. – Elle ? Qu'est-ce que tu racontes ?

LAUDISI. – Elle, parfaitement ! elle ! elle !

AMÉLIE. – Mais tais-toi donc ! Si tu l'entendais parler !

DINA. – Nous sommes certaines du contraire !

MADAME CINI *et* MADAME NENNI, *triomphantes.* – Oui, n'est-ce pas ?

LAUDISI. – Mais c'est précisément parce que vous en êtes certaines : ce doit être elle !

DINA. – Allons, allons ; venez par ici. Vous ne voyez donc pas qu'il le fait exprès ?

AMÉLIE. – Voulez-vous venir, mesdames ? *(S'effaçant devant la porte de gauche.)* Passez donc, je vous en prie.

Mme Cini, Mme Nenni, Amélie sortent ; Dina s'apprête également à sortir.

LAUDISI, *la rappelant.* – Dina !

DINA. – Non, je ne veux pas t'écouter !

LAUDISI. – Referme cette porte, si tu juges l'épreuve inutile.

DINA. – Que dirait papa ? C'est lui qui l'a laissée ouverte. Il va arriver par l'autre et, s'il la trouve fermée... tu sais comment est papa !

LAUDISI. – Mais vous le persuaderez – et toi, particulièrement – qu'il était inutile de laisser cette porte ouverte. Tu en es bien convaincue ?

DINA. – Oh ! tout à fait convaincue !

LAUDISI, *avec un sourire de défi.* – Eh bien, alors, ferme la porte !

DINA. – Tu serais trop content... Je ne la fermerai pas. Mais c'est à cause de papa.

LAUDISI, *avec un sourire de défi*. – Veux-tu que je la ferme moi-même ?

DINA. – Sous ta responsabilité ?

LAUDISI. – Ah ! mais, moi, je n'ai pas acquis, comme toi, la certitude que c'est lui qui est fou.

DINA. – Viens seulement dans le salon et écoute parler madame Frola comme nous l'avons écoutée nous-mêmes, et tu verras que tu acquerras la même certitude. Viens-tu ?

LAUDISI. – Mais oui, je viens. Et je puis très bien fermer la porte, tu sais ? Sous ma responsabilité.

DINA. – Ah ! tu vois bien ! Avant même de l'avoir entendue ?

LAUDISI. – Non, ma chérie. C'est parce que je suis sûr qu'à l'heure qu'il est ton père pense tout à fait comme vous, que cette épreuve est inutile.

DINA. – Tu en es sûr ?

LAUDISI. – Mais oui ! Il est en train de parler avec lui ! Il a sans doute acquis la certitude que c'est elle qui est folle. *(Il s'approche résolument de la porte.)* Je la ferme.

DINA, *le retenant*. – Non. *(Puis interdite.)* Écoute... si tu crois cela... laissons-la ouverte...

LAUDISI, *riant*. – Ah ! ah ! ah !... tu vois !

DINA. – Ce que j'en dis, c'est pour papa !

LAUDISI. – Ce qu'en dira papa, ce sera pour vous ! Laissons-la ouverte.

On entend jouer, dans le salon à côté, au piano, une ariette ancienne, pleine de douceur, de tristesse et de grâce, la Povera Nina *de Pergolèse.*

DINA. – Ah, c'est elle... tu entends ? Elle joue !

LAUDISI. – La petite vieille ?

DINA. – Oui, elle nous a dit que sa fille jouait toujours cet air... Tu entends avec quelle douceur elle le joue ?... Allons-y...

Ils sortent tous les deux par la porte de gauche.

La scène reste vide un instant, après la sortie de Laudisi et de Dina. On continue à entendre le piano. M. Ponza entrant par la porte au fond avec M. Agazzi, paraît profondément troublé en entendant l'air de Pergolèse et son trouble va croissant pendant la durée de la scène.

AGAZZI, *s'effaçant sur le seuil de la porte du fond.* – Entrez, entrez, je vous en prie. (*Il introduit M. Ponza et se dirige vers son bureau pour y prendre les dossiers qu'il avait fait semblant d'oublier.*) Je dois les avoir oubliés ici. Asseyez-vous, je vous en prie. (*M. Ponza reste debout également le regard tourné vers le salon d'où vient la musique.*) Ah ! les voilà ! (*Il prend les dossiers et s'approche de M. Ponza en les feuilletant.*) C'est un vieux dossier, une affaire, comme je vous ai dit, extrêmement embrouillée et très importante, qui traîne depuis des années... (*Il se tourne à son tour vers le salon, gêné par le bruit du piano.*) Oh ! cette musique ! pstt, pstt... (*Il fait un geste de dépit en se retournant comme pour dire : « Quelles sottes ! »*) Qui joue ? (*Il regarde à travers la porte du salon, aperçoit au piano Mme Frola et fait un geste de surprise.)* Ah ! par exemple ! Regardez donc !

PONZA, *s'approchant, au comble de l'agitation.* – Seigneur ! C'est elle, c'est elle qui joue ?

AGAZZI. – Oui, votre belle-mère ! Comme elle joue bien !

PONZA. – Mais comment ? Vous l'avez de nouveau amenée ici ? Vous la faites jouer ?

AGAZZI. – Pourquoi pas ! Je ne vois pas ce qu'il y a de mal !

PONZA. – Mais cette musique ! – Comprenez-vous, – c'est celle que jouait sa fille !

AGAZZI. – Cela vous fait peut-être du mal de l'entendre ?

PONZA. – Mais non, ce n'est pas à moi, c'est à elle que cela fait du mal ! Un mal incalculable ! Mais, monsieur le secrétaire général, je vous avais pourtant bien expliqué, ainsi qu'à ces dames, l'état de cette pauvre malheureuse !

AGAZZI. – Oui… mais…

Il essaie de calmer l'agitation toujours croissante de Ponza.

PONZA, *continuant.* – Je vous avais dit qu'il fallait la laisser en paix ! Qu'elle ne pouvait ni recevoir de visites ni en faire ! Je suis seul à savoir comment il faut la traiter ! Vous la tuez ! Vous la tuez !

AGAZZI. – Mais non ! mais non ! Ces dames savent bien aussi… *(Il s'interrompt brusquement, la musique ayant cessé dans le salon, d'où arrive à présent un chœur d'applaudissements.)* Tenez, regardez... Vous pouvez écouter...

Du salon arrivent distinctement les répliques suivantes.

DINA. – Mais vous jouez encore merveilleusement, madame.

MADAME FROLA. – Moi ? Ah, c'est ma petite Lina qu'il vous faudrait entendre ! Ah ! ma petite Lina, comme elle joue !

PONZA, *frémissant, se tordant les mains.* – Sa petite Lina ! Elle dit : sa petite Lina !

AGAZZI. – Sa fille ?

PONZA. – Mais écoutez ! Elle parle au présent ? Elle dit qu'elle joue, qu'elle joue !

Du salon arrive distinctement cette réplique :

MADAME FROLA. – Eh non, elle ne peut plus jouer, depuis lors, et c'est peut-être son plus grand chagrin à cette pauvre petite !

AGAZZI. – C'est tout naturel ! Elle la croit encore vivante...

PONZA. – Mais il ne faut pas la faire parler ainsi ! Elle ne doit pas en parler ! Vous avez entendu : *depuis lors !* Elle a dit : *depuis lors !* À cause de ce piano certainement... Ah, si vous saviez,... ce piano de ma pauvre femme... Mais, mon Dieu, mon Dieu... vous voulez m'accabler de nouveau...

Sirelli arrive à ce moment. Il entend les dernières paroles de Ponza et remarque l'exaspération extrême dont elles témoignent.

Il reste comme pétrifié. Agazzi, démonté lui aussi, lui fait signe d'approcher.

AGAZZI. – Mais non... mais pourquoi ?... *(À Sirelli.)* Je t'en prie, fais entrer ces dames...

Sirelli, restant à distance, s'approche de la porte à gauche et appelle les dames.

PONZA. – Ces dames ici ? Non, non ! plutôt...

Les dames, sur la ligne de Sirelli, entrent pleines d'embarras et de gêne. Mme Frola, apercevant son gendre dans cet état d'excitation, marque de la terreur. Pendant toute la scène qui suit, invectivée par lui avec une violence extrême, elle fait de temps en temps des signes d'intelligence aux autres dames. La scène se déroule rapide, pressée, avec une extrême vivacité.

PONZA. – Vous ici ? Encore ici ? Qu'êtes-vous venue y faire ?

MADAME FROLA. – Excusez-moi, j'étais venue...

PONZA. – Vous êtes venue raconter encore. – Qu'est-ce que vous avez raconté ? Qu'est-ce que vous avez raconté à ces dames ?

MADAME FROLA. – Rien... je te jure... rien...

PONZA. – Rien ? Comment rien ? Je l'ai bien entendu, et monsieur l'a entendu comme moi ! Vous avez dit : « Elle joue ! » Qui joue ? Lina joue ? Vous savez bien qu'elle est morte depuis quatre ans, votre fille !

MADAME FROLA. – Mais oui !... mon ami... calme-toi ! mais oui, oui ! calme-toi !

PONZA. – Vous avez dit : « Et depuis lors, elle ne peut plus jouer. » Naturellement ! Elle ne peut plus jouer depuis lors ! Comment voulez-vous qu'elle joue, puisqu'elle est morte ?

MADAME FROLA. – Mais oui, tu as raison ! Je l'ai bien dit, n'est-ce pas, mesdames ? J'ai dit qu'elle ne pouvait plus jouer depuis lors... Naturellement ! puisqu'elle est morte...

PONZA. – Et pourquoi pensez-vous encore et toujours à ce piano ?

MADAME FROLA. – Mais non, je n'y pense plus ! Je n'y penserai plus !

PONZA. – Je l'ai démoli moi-même, et vous le savez très bien, à la mort de votre fille ! Pour ne pas le laisser toucher à l'autre qui, d'ailleurs, ne sait pas jouer ! Vous le savez très bien que l'autre ne joue pas !

MADAME FROLA. – Mais naturellement !... puisqu'elle ne sait pas jouer !

PONZA. – Votre fille, elle, s'appelait Lina, n'est-ce pas ? Eh bien, comment s'appelle ma seconde femme ? Dites-le devant tout le monde, vous le savez très bien ! Comment s'appelle-t-elle ?

MADAME FROLA. – Juliette... Elle s'appelle Juliette... Oui, oui, c'est parfaitement exact, messieurs, elle s'appelle Juliette.

PONZA. – Oui, elle s'appelle Juliette ! Elle ne s'appelle pas Lina ! Et ne clignez pas de l'œil comme cela en disant qu'elle s'appelle Juliette !

MADAME FROLA. – Mais non, je n'ai pas cligné de l'œil... Non pas du tout !

PONZA. – Je l'ai vu ! Je l'ai parfaitement vu ! Vous voulez laisser croire à ces messieurs que je veux garder pour moi seul votre fille, comme si elle n'était pas morte... *(Il éclate en terribles sanglots.)* Comme si elle n'était pas morte !

MADAME FROLA, *avec une douceur et une humilité infinies, courant à lui.* – Moi... mais non, mais non... mon fils bien-aimé, calme-toi... Je n'ai jamais dit cela, n'est-ce pas, mesdames ? N'est-ce pas ?

AMÉLIE, MADAME SIRELLI, DINA. – Mais c'est parfaitement exact ! Elle ne l'a jamais dit !... Elle a dit qu'elle était morte !

MADAME FROLA. – N'est-ce pas ? J'ai dit qu'elle était morte – qu'aurais-je pu dire d'autre ? Et j'ai dit que tu étais si gentil avec moi !... Moi te perdre ? Moi te compromettre ?...

PONZA, *se redressant, terrible.* – En attendant, vous allez chercher chez les autres des pianos pour y jouer les morceaux que jouait votre fille, en disant que Lina les joue aussi bien et même beaucoup mieux ?

MADAME FROLA. – Mais non... j'ai joué comme cela, tu sais... pour essayer...

PONZA. – Vous ne devez pas ! Vous n'avez pas le droit ! Comment peut-il vous venir à l'esprit de jouer encore ce que jouait votre fille morte ?

MADAME FROLA. – Tu as raison... mon pauvre petit... mon pauvre petit !... *(Attendrie, elle se met à pleurer.)* Je ne le ferai plus, je te le promets !... Je ne le ferai plus !

PONZA, *se jetant sur elle, terrible.* – Sortez ! Allez-vous-en ! Allez-vous-en !

MADAME FROLA. – Oui, oui… je m'en vais… Oh ! mon Dieu !…

Elle adresse des signes suppliants à la ronde, en reculant, et elle se retire en larmes. Tous restent pleins de pitié et de terreur à contempler M. Ponza : mais lui, dès que sa belle-mère est sortie, redevenu brusquement calme et reprenant son air le plus normal, dit simplement :

PONZA. – Je vous demande pardon, mesdames, du triste spectacle que j'ai dû vous donner pour remédier au mal que, sans le vouloir, votre pitié a fait à cette malheureuse.

AGAZZI, *abasourdi, comme tous les autres.* – Comment… vous avez simulé la colère ?

PONZA. – Par force, monsieur ! Ne voyez-vous pas que le seul moyen que j'ai pour la laisser dans son illusion, c'est de lui crier la vérité, comme si j'étais fou et exprimais une idée fixe. Pardonnez-moi et permettez-moi de me retirer. Il faut que je coure chez elle.

Il sort en hâte, par la porte du fond. Tous se regardent stupéfaits, en silence.

LAUDISI, *s'avançant au milieu.* – Et voilà, mesdames et messieurs, la vérité découverte ! *(Il éclate de rire.)* Ah ! ah ! ah ! ah !

Rideau.

ACTE TROISIÈME

Même décor qu'au second acte.

Laudisi est étendu sur un fauteuil, en train de lire. À travers la porte de gauche, qui donne sur le salon, parvient le murmure confus de voix nombreuses. Le domestique introduit, par la porte du fond, le commissaire Centuri.

LE DOMESTIQUE. – Si monsieur le commissaire veut se donner la peine d'entrer. Je vais prévenir Monsieur le secrétaire général.

LAUDISI, *se tournant et apercevant Centuri.* – Oh ! Monsieur le commissaire ! *(Il se lève en hâte et rappelle le domestique prêt à sortir.)* Psst ! Attendez ! *(À Centuri.)* Vous avez des nouvelles ?

CENTURI, *grand, raide, quarante ans environ.* – Oui, monsieur.

LAUDISI – Ah ! bien ! *(Au domestique.)* J'accompagnerai monsieur moi-même. *(Il indique d'un geste la porte de gauche. Le domestique s'incline et sort.)* Vous avez fait un miracle ! Vous sauvez une ville entière ! Vous les entendez ? Vous les entendez crier ?... Et alors, ce sont des informations sûres ?

CENTURI. – Oui, fournies par quelqu'un qu'on a pu retrouver.

LAUDISI. – Du même village que M. Ponza ?

CENTURI. – Oui, monsieur. Nous avons quelques données de fait, pas nombreuses, mais certaines.

LAUDISI. – Ah bien ! très bien ! Par exemple ?

CENTURI. – Par exemple... ceci... J'ai avec moi les... notifications qu'on m'a transmises.

Il sort de la poche-portefeuille de son veston une enveloppe jaune ouverte contenant une feuille de papier et la tend à Laudisi.

LAUDISI. – Voyons un peu... (*Il extrait la feuille de l'enveloppe et commence à la parcourir des yeux, commentant de temps en temps sur un ton différent, tantôt par un ah ! tantôt par un eh ! d'abord de satisfaction, puis de doute, puis de commisération et, enfin, de désillusion complète.*) Mais pas du tout ! Qu'y a-t-il de certain là-dedans, monsieur le commissaire ?

CENTURI. – Tout ce qu'on a pu apprendre.

LAUDISI. – C'est exactement zéro ! Tous les doutes subsistent comme avant ! (*Le regardant, comme s'il venait de prendre une résolution soudaine.*) Voulez-vous, monsieur le commissaire, faire le bien ? Voulez-vous rendre un signalé service à la population, et dont certainement Dieu vous tiendra grand compte ?

CENTURI. – Quel bien ? Je ne saisis pas... Quel service ?

Il le regarde avec perplexité.

LAUDISI. – Eh bien, écoutez-moi. Asseyez-vous. (*Il montre le bureau.*) Déchirez ce demi-feuillet d'informations qui ne dit absolument rien et, sur l'autre moitié de cette feuille, écrivez quelques informations précises et certaines.

CENTURI, *étonné.* – Moi ? Comment cela ? Quelles informations ?

LAUDISI. – Mais celles que vous voudrez !

CENTURI, *de plus en plus étonné.* – Comment, celles que je voudrai ? Oh, monsieur Laudisi, que dites-vous là ? Moi ?

LAUDISI, *le pressant.* – Vous, monsieur, vous, parfaitement ! Prenez la parole au nom de ces deux témoins qu'on n'a pu retrouver ! C'est pour le bien de tous, pour rendre la tranquillité à toute une ville ! Ne voyez-vous pas ? Ils veulent une vérité, une vérité extérieure, n'importe laquelle, pourvu qu'elle soit catégorique ; elle les calmera !

CENTURI, *avec force, offensé.* – Mais que me parlez-vous de vérité ? C'est un faux que vous me proposez de faire ? Je m'étonne que vous osiez m'adresser pareille proposition ! Et je dis que je m'en étonne pour ne pas dire plus... Faites-moi le plaisir de m'annoncer à monsieur le secrétaire général.

LAUDISI, *les bras en croix, avec désolation.* – Tout de suite.

Il va à la porte, à gauche, l'ouvre. Les cris des gens qui emplissent le salon parviennent plus distinctement, mais dès que Laudisi passe le seuil, les cris cessent brusquement. On entend la voix de Laudisi qui annonce : Monsieur le commissaire Centuri. Il apporte des informations sûres données par des témoins. *Des applaudissements, des vivats accueillent la nouvelle. Le commissaire Centuri semble troublé, sachant bien que les informations qu'il apporte ne satisferont pas pareille attente. Tous se précipitent par la porte de gauche. Agazzi en tête, exultant, excité ; battant des mains et criant :* Bravo ! bravo Centuri !

AGAZZI, *les mains tendues.* – Mon cher Centuri ! Je l'avais toujours dit ! Il était impossible que vous ne vinssiez pas heureusement à bout de cette affaire !

TOUS. – Bravo ! Bravo ! Voyons ? Voyons ? Les preuves tout de suite ! Lequel est-ce ? Lequel ?

CENTURI, *abasourdi, éperdu.* – Mais non... il s'agit... Monsieur le secrétaire général...

AGAZZI. – Je vous en prie ! Un peu de silence !

CENTURI. – J'ai fait tout ce que j'ai pu... certainement... mais je ne sais ce qu'a pu vous annoncer monsieur Laudisi...

AGAZZI. – Que vous nous apportiez des informations sûres !

SIRELLI. – Des documents probants !

LAUDISI, *avec résolution, à très haute voix, le prévenant.* – Pas très nombreux, mais probants ! Fournis par des témoins qu'on a pu retrouver, du village de M. Ponza, des gens qui savent !

TOUS. – Ah ! enfin ! enfin !

CENTURI, *tendant la feuille à Agazzi.* – Oui, oui... voilà, monsieur le secrétaire général...

AGAZZI, *ouvre la feuille, tous se pressent autour de lui.* – Ah, voyons un peu ! Voyons cela !

CENTURI. – Mais vous, monsieur Laudisi...

LAUDISI, *interrompant, à très haute voix.* – Je vous en prie ! Laissez lire ! Laissez lire !

AGAZZI. – Un instant de patience, messieurs... Voyez... je lis, je lis.

LAUDISI. – Mais moi, j'ai déjà lu !

TOUS, *abandonnant Agazzi et courant à lui.* – Eh bien ?
Eh bien ? Qu'est-ce qu'on sait ?

LAUDISI, *scandant fortement les mots.* – Il est certain, indubitable, – un compatriote de M. Ponza en témoigne, – que madame Frola a été dans une maison de santé !

TOUS, *avec regret et désolation.* – Oh !

MADAME SIRELLI. – Madame Frola ?

DINA. – Mais alors, c'est elle qui est folle ?

AGAZZI, *qui a lu, crie, en jetant la feuille.* – Mais non !
Mais non ! ce papier ne dit rien du tout !

TOUS, *abandonnant de nouveau Laudisi, se précipitent autour d'Agazzi en criant.* – Ah ! comment cela ? Que dit le papier ?

LAUDISI, *à haute voix, à Agazzi.* – Mais si ! ce papier dit madame ! Il dit très précisément : Madame Frola !

AGAZZI, *plus fort.* – Mais pas du tout ! Ce témoin dit qu'il lui semble… Il n'est pas certain ! Et en tout cas, il ne sait pas si c'est la mère ou la fille qui a été dans une maison de santé !

TOUS, *avec satisfaction.* – Ah !

LAUDISI, *tenant tête à Agazzi* – Mais si ! C'est la… mère, sans aucun doute !

SIRELLI. – Mais pas du tout ! C'est la fille ! C'est la fille !

MADAME SIRELLI. – C'est ce que madame Frola a dit elle-même !

AMÉLIE. – Mais parfaitement ! Il s'agit du moment où on l'a enlevée en cachette de son mari !

DINA. – Mais oui, madame Frola dit précisément que sa fille a été, à ce moment-là, enfermée dans une maison de santé !

AGAZZI. – Et d'ailleurs, le témoin n'est pas du même village... qu'eux ! Il dit qu'il allait souvent dans ce village, qu'il ne se rappelle plus bien... qu'il lui semble avoir entendu dire ces choses...

SIRELLI. – Ah, mais ! ce ne sont plus que des propos en l'air !

LAUDISI. – Mais pardon ! Si vous êtes tous si parfaitement convaincus que c'est madame Frola qui a raison, qu'est-ce que vous cherchez de plus ? Finissons-en !

SIRELLI. – Ah ! s'il n'y avait pas le préfet qui croit que c'est Ponza qui a raison, je t'assure bien que...

CENTURI. – C'est exact, messieurs ! Monsieur le préfet me l'a dit à moi-même !

AGAZZI. – C'est tout simplement parce que monsieur le préfet n'a pas encore parlé avec madame Frola !

MADAME SIRELLI. – C'est trop naturel ! S'il n'a parlé qu'avec lui !

SIRELLI. – D'ailleurs, il n'y a pas que le préfet, il y a d'autres personnes ici même !

PREMIER MONSIEUR. – Moi, par exemple. Je connais un cas tout semblable : une mère devenue folle à la mort de sa fille, qui croit que son gendre ne veut plus la lui laisser voir : c'est comme je vous le dis !

DEUXIÈME MONSIEUR. – Et il y a ceci en plus, que le gendre est resté veuf, ne s'est pas remarié, tandis qu'ici, – et cela justifie encore mieux la folie de madame Frola, – il a une femme chez lui...

LAUDISI. – Mon Dieu, mais c'est vrai ! Vous avez entendu ? Mais voilà le moyen de tout savoir ! C'est l'œuf de Colomb ! Ah, cher monsieur, vraiment vous nous sauvez ! *(Il frappe sur l'épaule du second monsieur.)* Vous avez entendu ?

TOUS, *perplexes, ne comprenant plus.* – Qu'est-ce qu'il y a ? Qu'est-ce que c'est ?

DEUXIÈME MONSIEUR, *abasourdi.* – Qu'est-ce que j'ai dit ? Je ne vois pas...

LAUDISI. – Comment ? Ce que vous avez dit ? Mais vous avez résolu la question ! Un peu de patience, je vous prie ! *(À Agazzi.)* Le préfet va venir ici ?

AGAZZI. – Oui, nous l'attendons... Mais pourquoi ? Explique-toi !

LAUDISI. – Il est inutile qu'il vienne ici parler à madame Frola ! Jusqu'à présent, il croit ce que lui a dit le gendre... Quand il aura causé avec la belle-mère, il ne saura plus lequel croire des deux ! Eh bien, il faut que monsieur le préfet fasse une chose, une chose qu'il est seul à pouvoir faire !

TOUS. – Quoi donc ? Quoi donc ?

LAUDISI, *rayonnant.* – Mais sa femme ! La femme que monsieur Ponza a chez lui ! C'est monsieur qui vient de m'en donner l'idée...

SIRELLI. – Questionner la femme !... Mais naturellement ! C'est vrai !

DINA. – Mais la pauvre, on la tient en prison !

SIRELLI. – Il faut que le préfet s'interpose et la fasse parler !

AMÉLIE. – C'est évidemment la seule qui puisse dire la vérité !

MADAME SIRELLI. – Mais pas du tout ! Elle parlera comme son mari !...

LAUDISI. – Oui, si elle parlait devant lui ! c'est certain !

SIRELLI. – Il faut qu'elle parle en tête à tête avec le préfet !

AGAZZI. – Le préfet peut très bien, en usant de son autorité, imposer à ce monsieur que sa femme se confesse à lui... Certainement ! Certainement ! Qu'en pensez-vous, Centuri ?

CENTURI. – Sans aucun doute, si monsieur le préfet voulait bien...

AGAZZI. – Il n'y a vraiment plus que cela à faire ! Il faudrait l'avertir et lui épargner, pour le moment, le dérangement de venir jusqu'ici. Voulez-vous courir jusqu'à la préfecture, mon cher Centuri ?

CENTURI. – Mais comment donc, monsieur le secrétaire général ! Mesdames, messieurs, mes respects.

Il s'incline et sort.

MADAME SIRELLI, – Ah ! ça, c'est très bien, Laudisi !

DINA. – Bravo ! Bravo ! tonton ! C'est une fameuse idée !

TOUS. – Bravo ! Bravo ! Mais naturellement ! il n'y a que ça à faire !

AGAZZI. – Comment diable n'y avions-nous pas pensé plus tôt ?

SIRELLI. – Mais si, c'est naturel ! Personne n'a jamais vu cette femme ; c'était comme si elle n'existait pas !

LAUDISI, *comme frappé d'une autre idée.* – Ah ! mais !... à propos... Êtes-vous bien sûrs qu'elle existe ?

AMÉLIE. – Comment ? Mais, mon Dieu, Lambert !

SIRELLI, *feignant de rire.* – Alors, tu voudrais à présent mettre en doute jusqu'à son existence ?

LAUDISI. – Mais qui vous l'a dit ? Qui vous assure qu'elle existe ?

DINA. – Sa mère la voit et lui parle chaque jour !

MADAME SIRELLI. – Et puis, lui aussi dit qu'elle existe !

LAUDISI. – Oui, oui... Je ne dis pas non... Mais pensez-y mieux : si c'est madame Frola qui a raison, qu'est-ce qui habite la maison, pour lui ? C'est l'apparence illusoire d'une seconde femme. Si c'est lui, Ponza, qui a raison, c'est l'apparence d'une fille de madame Frola qui s'y trouve ! Le tout est de savoir si ce qui est une fiction, soit pour l'un, soit pour l'autre, est en soi et pour soi une réalité ! Arrivés au point où nous en sommes, il me semble qu'il y a de quoi en douter !

AGAZZI. – Mais tais-toi donc ! Tu voudrais nous rendre tous fous comme tu l'es !

LAUDISI. – Non, prenez garde ! prenez bien garde que, dans cette grande maison au bout de la ville, il n'y ait qu'un fantôme !

MADAME NENNI. – Ah ! mon Dieu ! J'ai la chair de poule !

MADAME CINI. – Je me demande le plaisir qu'il éprouve à nous épouvanter ainsi !

TOUS. – Mais non ! Mais non ! Vous plaisantez !

LAUDISI. – Je ne plaisante pas le moins du monde ! Qui l'a vue, cette femme ? Personne ne l'a jamais vue ! Lui en parle et madame Frola dit qu'elle la voit...

SIRELLI. – Mais non ! Elle se met à son balcon, sur la cour !

LAUDISI. – Qui se met au balcon ?

SIRELLI. – Mais une femme ! une femme en chair et en os, qu'on a vue et qu'on peut faire parler, que diable !

LAUDISI. – Vous en êtes sûrs ?

AGAZZI. – Mais oui, nous en sommes sûrs ! Tu l'as dit toi-même !

LAUDISI. – Je l'ai dit moi-même, à la condition qu'il y ait vraiment là-bas une femme... une femme quelconque... Mais prenez garde qu'une femme quelconque ne peut pas être là-bas ! elle n'y est pas ! elle n'y est certainement pas ! ou du moins, je doute fort, à présent, qu'elle y soit !

MADAME SIRELLI. – Il va nous faire tourner en bourriques !

LAUDISI. – Enfin, nous verrons, nous verrons...

TOUS. – Mais qu'y aurait-il alors ? Puisqu'on l'a vue, puisqu'elle se met au balcon !

CENTURI, *parmi l'agitation générale, entre tout haletant et annonce.* – Monsieur le préfet ! Monsieur le préfet !

AGAZZI. – Comment ? Ici ? Mais que diable avez-vous fait ?

CENTURI. – Je l'ai rencontré dans la rue, avec monsieur Ponza, qui venait ici...

SIRELLI. – Ah ! avec monsieur Ponza ?

AGAZZI. – Mais s'il est avec monsieur Ponza... il va chez madame Frola... Écoutez, Centuri, descendez jusqu'à la porte de la rue et priez-le, en mon nom, de passer d'abord chez moi, comme il me l'avait promis.

CENTURI. – Bien, monsieur le secrétaire général. J'y vais. *(Il sort en hâte par la porte du fond.)*

AGAZZI – Messieurs, je vous demanderai de vouloir bien passer un moment, ainsi que ces dames, dans le salon.

MADAME SIRELLI. – Mais dites-le lui bien ! C'est le seul moyen, le seul moyen de savoir !

AMÉLIE, *à la porte de gauche.* – Passez donc, mesdames, je vous en prie.

AGAZZI. – Toi, Sirelli, reste ici. Et toi aussi, Lambert. *(Tous les autres, hommes et femmes, sortent par la gauche. Agazzi à Laudisi.)* Mais laisse-moi parler, n'est-ce pas ?

LAUDISI. – N'aie pas peur ! Si tu préfères, je vais sortir aussi.

AGAZZI. – Non, non. Il vaut mieux que tu y sois aussi... Ah ! le voilà.

LE PRÉFET, *soixante ans environ, grand et gros, l'air bonhomme.* – Mon cher Agazzi... Tiens, monsieur Sirelli... Mon cher Laudisi...

Il leur serre la main.

AGAZZI, *l'invitant du geste à s'asseoir.* – Je te demande pardon de t'avoir fait prier de passer un moment chez moi.

LE PRÉFET. – Mais pas du tout. Je serais venu comme je te l'avais promis.

AGAZZI, *apercevant un peu en arrière et resté debout Centuri.* – Je vous en prie. Centuri, approchez, asseyez-vous.

LE PRÉFET. – Et vous, Sirelli, à ce que j'ai appris, vous êtes un des plus enragés dans tous ces cancans sur notre nouveau conseiller ?

SIRELLI. – Mais non, monsieur le préfet, croyez-le bien, pas moi seul. En ville, tout le monde est sens dessus dessous.

AGAZZI. – C'est exact.

LE PRÉFET. – Mais pourquoi ?

AGAZZI. – Écoute. Tu ne peux t'en faire encore une idée précise. Nous avons ici, sur le même palier, la belle-mère...

LE PRÉFET. – Mais oui, je le sais bien.

SIRELLI. – Non, monsieur le préfet... Vous n'avez pas encore entendu cette pauvre femme.

LE PRÉFET. – J'allais précisément chez elle. *(À Agazzi.)* Je t'avais promis de venir la voir chez toi, comme tu semblais le désirer. Mais son gendre est venu lui-même me supplier, pour faire cesser tous les bavardages, de me rendre chez sa belle-mère. Voyons, croyez-vous qu'il aurait fait cette démarche s'il n'avait été plus que certain ?...

AGAZZI. – Mais naturellement ! Cette pauvre vieille devant lui...

SIRELLI. – Elle dit ce qu'il veut, monsieur le préfet. Et c'est précisément ce qui prouve que ce n'est pas elle qui est folle !

AGAZZI. – Nous en avons fait l'expérience ici nous-mêmes, pas plus tard qu'hier !

LE PRÉFET. – Mais oui, mon cher : c'est parce qu'il lui fait croire que c'est lui le fou ! Il m'en a prévenu. Sinon comment cette malheureuse pourrait-elle vivre heureuse avec son idée fixe ? Ah ! croyez-le, pour ce pauvre homme, c'est un martyre !

SIRELLI. – À moins que ce ne soit elle, au contraire, qui lui fournisse l'illusion de croire que sa fille est morte, pour qu'il puisse être sûr que sa femme ne lui sera pas enlevée de nouveau ! Dans ce cas, monsieur le préfet, le martyre, c'est madame Frola qui le subit, ce n'est pas lui !

AGAZZI. – Quand ce doute vous est une fois entré dans la tête... tu comprends ? Car si tu entendais parler cette femme – mais sans lui, – tu n'y échapperais pas, toi non plus !

SIRELLI. – Ce doute, nous l'avons tous !

LE PRÉFET. – D'après ce que je vous entends dire, il me semble qu'il n'y a pas de doute pour vous, et je vous avoue qu'il n'y en a pas pour moi davantage, dans le sens opposé. Et vous, Laudisi, qu'en dites-vous ?

LAUDISI. – Excusez, monsieur le préfet. J'ai promis à mon beau-frère de ne pas dire un mot.

AGAZZI, *éclatant.* – Qu'est-ce que tu chantes ? On t'interroge, réponds ! Je lui avais dit de se taire, sais-tu pourquoi ? Parce qu'il s'amuse, depuis deux jours, à tout brouiller encore davantage !

LAUDISI. – N'en croyez rien, monsieur le préfet ! J'ai tout fait, au contraire, pour tout éclaircir !

SIRELLI. – D'une belle façon ! Savez-vous comment, monsieur le préfet ? En soutenant qu'il est impossible de découvrir la vérité ! Et à présent, en cherchant à nous faire croire qu'on ne trouvera pas chez monsieur Ponza une femme, mais un fantôme !

LE PRÉFET, *riant.* – Ah ! mais ce n'est pas mal cela !

AGAZZI. – Je t'assure qu'il est inutile de l'écouter !

LAUDISI. – Et pourtant, monsieur le préfet, c'est à cause de moi qu'on vous a prié de venir ici !

LE PRÉFET. – C'est vous qui pensiez que je ferais bien de parler avec madame Frola ?

LAUDISI. – Pas du tout ! Vous faites très bien de vous en tenir à ce que vous dit monsieur Ponza !

LE PRÉFET. – Ah ! vous croyez alors, vous aussi, que monsieur Ponza ?...

LAUDISI. – Non. C'est de la même façon que je voudrais qu'ici tout le monde s'en tînt à ce que dit madame Frola – et qu'on n'en parlât plus !

AGAZZI. – Tu l'entends ? Tu appelles cela un raisonnement ?

LE PRÉFET. – Un moment ! *(À Laudisi.)* D'après vous, on peut donc croire également ce que raconte madame Frola ?

LAUDISI. – Mais parfaitement ! En tout et pour tout... Exactement comme ce que raconte Ponza.

LE PRÉFET. – Mais alors, pardon ?

SIRELLI. – Puisqu'elle dit le contraire.

AGAZZI, *irrité, résolument.* – Je t'en prie ! N'écoute que moi ! Je n'incline, je ne veux incliner jusqu'à présent ni vers l'une ni vers l'autre de ces versions. Il se peut que ce soit lui qui ait raison, il se peut que ce soit elle. Il faut venir à bout de cette affaire ! Il n'y a qu'un moyen.

SIRELLI, *montrant Laudisi.* – Et c'est précisément lui qui l'a suggéré !

LE PRÉFET. – Ah ! lui ?... Eh bien ! j'écoute.

AGAZZI. – À défaut de toute autre preuve, le seul moyen qui nous reste, c'est que tu uses de ton autorité pour obtenir des aveux de la femme.

LE PRÉFET. – De madame Ponza ?

SIRELLI. – Mais, bien entendu, hors de la présence de son mari !

AGAZZI. – Pour qu'elle puisse dire toute la vérité !

SIRELLI. – Si elle est bien la fille de madame Frola comme nous sommes portés à la croire...

AGAZZI. – Ou si elle est la seconde femme de Ponza qui consent à jouer le rôle de cette fille, comme le soutient monsieur Ponza...

LE PRÉFET. – Et comme je le crois absolument ! Mais oui, je crois aussi que c'est le seul moyen. Ce pauvre homme, croyez-le, ne désire rien d'autre que d'arrêter toutes ces persécutions. Je l'ai trouvé très arrangeant... Il en sera très heureux ! Et vous, chers amis, vous retrouverez le calme. Je vous prie, Centuri *(Centuri se lève)* voulez-vous aller m'appeler monsieur Ponza chez sa belle-mère ? Priez-le, en mon nom, de passer ici un instant.

CENTURI. – Tout de suite, monsieur le préfet.

Il salue et sort par la porte du fond.

AGAZZI. – Et s'il acceptait !

LE PRÉFET. – Mais tu vas voir qu'il va accepter tout de suite ! Dans un quart d'heure nous saurons tout ! Je vais faire cela devant vous.

AGAZZI. – Comment ? Ici, chez moi ?

SIRELLI. – Vous croyez qu'il acceptera d'amener sa femme ici ?

LE PRÉFET. – Laissez-moi faire ! Ici, parfaitement. Sinon, j'en suis sûr, vous continueriez à supposer que je...

AGAZZI. – Mais pas du tout !

SIRELLI. – Oh ! monsieur le préfet !

LE PRÉFET. – Non, non ! J'en suis sûr ! En me voyant ici prévenu en faveur de Ponza, vous penseriez que pour mettre fin à la chose, comme il s'agit d'un fonctionnaire... Non, non, je veux que vous en soyez témoins. *(À Agazzi)* Où est ta femme ?

AGAZZI. – Elle est là, dans le salon, avec quelques amis...

LE PRÉFET. – Oh !... mais vous avez établi ici un véritable quartier général de conjurés ?

CENTURI, *sur le seuil.* – Puis-je entrer ? Voici monsieur Ponza !

LE PRÉFET. – Merci, Centuri. *(Ponza apparaissant sur le seuil.)* Avancez, avancez, mon cher Ponza.

Ponza s'incline.

AGAZZI. – Asseyez-vous, je vous prie.

Ponza s'incline et s'assied.

LE PRÉFET. – Vous connaissez ces messieurs... Monsieur Sirelli...

Ponza se lève et salue.

AGAZZI. – J'ai déjà fait les présentations... Mon beau-frère, Lambert Laudisi.

Ponza s'incline.

LE PRÉFET. – Je vous ai fait appeler, mon cher Ponza, pour vous dire que, mes amis et moi... *(Il s'interrompt en remarquant que M. Ponza, à ces premiers mots, témoigne d'un grand trouble et d'une vive agitation.)* Avez-vous quelque chose à me dire ?

PONZA. – Oui, monsieur le préfet, je demande aujourd'hui même mon changement.

LE PRÉFET. – Mais pourquoi donc ? Il y a un instant encore, vous parliez avec moi si raisonnablement…

PONZA. – Monsieur le préfet, je suis ici l'objet de vexations inouïes !

LE PRÉFET. – Mais non, voyons… n'exagérons rien…

AGAZZI. – Des vexations… J'entends que vous vous expliquiez, est-ce que c'est de ma part ?

PONZA. – De la part de tout le monde, et voilà pourquoi je m'en vais ! Je m'en vais, monsieur le préfet, parce que je ne puis tolérer l'inquisition acharnée, féroce, dont je suis victime dans ma vie privée ! Elle finirait par compromettre, par ruiner irréparablement un acte de charité qui me coûte tant de douleur, tant de sacrifices ! Je vénère plus que ma propre mère cette pauvre vieille, et je me suis vu contraint, ici même, hier, à lui parler avec la violence la plus cruelle. Je viens de la trouver chez elle dans un tel état d'accablement et d'agitation…

AGAZZI. – C'est étrange ! Avec nous, madame Frola a toujours parlé très calmement. Vous parlez d'agitation, monsieur Ponza ? C'est toujours vous qui nous en avez donné le spectacle et, en ce moment même…

PONZA. – C'est que vous ne savez pas ce que vous me faites souffrir !

LE PRÉFET. – Voyons, voyons... Calmez-vous, mon cher Ponza. Qu'y a-t-il ? Je suis là ! Et vous savez avec quelle confiance et quelle sympathie je vous ai toujours écouté, n'est-il pas vrai ?

PONZA. – Je vous demande pardon. Oui, vous, monsieur le préfet, et je vous en suis bien reconnaissant.

LE PRÉFET. – Alors, nous disions que vous vénériez comme une mère cette pauvre vieille ? Si ces messieurs montrent tant de curiosité, c'est qu'ils s'intéressent eux aussi beaucoup à elle...

PONZA. – Mais ils vont la tuer, monsieur le préfet ! Je le leur ai déjà dit plus de vingt fois !

LE PRÉFET. – Un peu de patience. Vous allez voir que tout sera fini dès que les choses auront été mises au clair ! Il ne faut qu'un instant, une petite minute ! Vous avez un moyen, le moyen le plus simple, le plus sûr de faire cesser tous les doutes de ces messieurs. Je ne parle pas de moi..., moi, je n'ai aucun doute.

PONZA. – Mais ils ne veulent me croire en aucune façon !

AGAZZI. – C'est tout à fait inexact. Quand vous êtes venu ici, après la première visite de votre belle-mère, nous raconter qu'elle était folle, nous vous avons cru. *(Au préfet.)* Mais comprends-tu, sa belle-mère est revenue tout de suite après...

LE PRÉFET. – Mais oui, mais oui, je sais, tu me l'as déjà raconté. *(Il continue, en s'adressant à Ponza.)* Oui, elle est venue donner précisément les raisons que vous cherchez vous-même à tenir en éveil chez elle. Il vous faut admettre qu'un doute angoissant peut naître dans l'esprit de ceux qui l'écoutent. En entendant parler votre belle-mère, ces messieurs estiment ne plus pouvoir ajouter foi en toute certitude à ce que vous affirmez. C'est clair, n'est-ce pas ? Et alors vous et votre belle-mère, disparaissez, demeurez un moment à l'écart ! Vous êtes sûr de dire la vérité, comme j'en suis sûr moi-même. Vous ne pouvez, j'imagine, vous opposer à ce que cette vérité soit répétée ici par la seule personne qui, en dehors de vous deux, est à même de la proclamer.

PONZA. – Qui donc ?

LE PRÉFET. – Mais votre femme !

PONZA. – Ma femme ? *(Avec force et indignation.)* Ah ! ça non ! Jamais, monsieur le préfet !

LE PRÉFET. – Et pourquoi, je vous prie ?

PONZA. – Amener ma femme ici, pour donner satisfaction à des gens qui ne me croient pas ?

LE PRÉFET, *l'interrompant.* – Non ! Il s'agit de moi... Quelle difficulté y voyez-vous ?

PONZA. – Mais, monsieur le préfet... Non ! ma femme, non ! Laissez ma femme où elle est ! On n'a qu'à me croire !

LE PRÉFET. – Ah ! mais pas du tout, je commence à me dire moi-même que vous faites tout ce qu'il faut pour qu'on ne vous croie pas !

AGAZZI. – D'autant plus qu'il a cherché par tous les moyens (et il n'a pas craint, pour cela, de se montrer deux fois impoli envers ma femme et ma fille), il a cherché par tous les moyens à empêcher sa belle-mère de venir nous parler.

PONZA, *éclatant, exaspéré.* – Mais que voulez-vous de moi, au nom du Ciel ? Il ne vous suffit pas de cette malheureuse, il vous faut encore ma femme ? Monsieur le préfet, je ne supporterai pas cette violence ! Ma femme ne sortira pas de chez moi ! Je ne la jette aux pieds de personne ! Il me suffit qu'elle ait confiance en moi ! Et d'ailleurs, je vais de ce pas faire ma demande de changement !

LE PRÉFET. – Un moment ! Tout d'abord, je ne tolère pas, monsieur Ponza, que vous preniez un ton pareil devant un de vos supérieurs, et devant moi-même qui vous ai toujours parlé avec la plus grande déférence. En second lieu, je vous répète que votre obstination à refuser une épreuve que je vous demande – moi-même, et non pas un autre – dans votre propre intérêt et où je ne vois rien de mal, me donne beaucoup à penser ! Nous pouvions fort bien, moi et mon ami Agazzi, recevoir votre femme... ou, si vous préférez, aller jusque chez vous...

PONZA. – Vous prétendez me contraindre ?

LE PRÉFET. – Je vous répète que je vous demande cela dans votre propre intérêt. Je pourrais vous le demander comme un supérieur à son inférieur !

PONZA. – Très bien, très bien. S'il en est ainsi... j'amènerai ma femme pour en finir ! Mais qui me garantit que ma belle-mère ne la verra pas ?

LE PRÉFET. – Il est vrai qu'elle habite à côté...

AGAZZI. – Nous pourrions aller nous-mêmes jusque chez vous...

PONZA. – Non, messieurs. Je le dis pour vous. Qu'on ne me ménage pas une autre surprise qui aurait d'affreuses conséquences !

AGAZZI. – À quoi allez-vous penser ?

LE PRÉFET. – Si vous préfériez, vous pourriez amener madame Ponza à la Préfecture...

PONZA. – Non, non. Tout de suite, je... je vais l'amener ici. Puis je resterai chez ma belle-mère pour l'empêcher de sortir. J'y vais tout de suite, monsieur le préfet, et nous en aurons fini !

Il sort en courant, par la porte du fond.

LE PRÉFET. – Je vous avoue que je ne m'attendais pas, de sa part, à cette opposition.

AGAZZI. – Et tu vas voir qu'il va obliger sa femme à dire ce qui lui plaît !

LE PRÉFET. – Mais non ! Vous pouvez être tranquilles. J'interrogerai moi-même sa femme !

SIRELLI. – Mais vous avez vu cette exaspération ininterrompue...

LE PRÉFET. – Ah ! oui, c'est vraiment la première fois que je le vois dans cet état !... Ah ! c'est peut-être l'idée d'amener sa femme ici.

SIRELLI. – De la libérer de sa prison...

LE PRÉFET. – Oh ! cette histoire de séquestration peut s'expliquer sans supposer qu'il est fou.

AGAZZI. – Oui... Il dit qu'il la séquestre par crainte de sa belle-mère...

LE PRÉFET. – Même si ce n'était pas cela..., il pourrait tout simplement être jaloux.

SIRELLI. – Au point de n'avoir même pas une bonne, une femme de ménage ? Il oblige sa femme à tout faire chez elle...

AGAZZI. – C'est lui qui va tous les matins au marché...

CENTURI. – C'est exact. Je l'ai vu moi-même ! Il a un petit garçon qui porte son panier.

SIRELLI. – Et qu'il n'a jamais autorisé à franchir son seuil !

LE PRÉFET. – Voyons, messieurs... Il m'a exprimé lui-même l'ennui d'y être obligé.

LAUDISI. – Service d'information plus que parfait !

LE PRÉFET. – Il le fait pour des raisons d'économie, Laudisi ! Il a deux ménages à faire vivre...

SIRELLI. – Mais il ne s'agit pas de ça, monsieur le préfet. Croyez-vous que sa seconde femme consentirait à tout cela ?...

AGAZZI. – Aux plus grossières besognes d'un ménage ?

SIRELLI, *continuant*. –... Par égard pour l'ex-belle-mère de son mari, qui ne serait pour elle qu'une étrangère ?

AGAZZI. – Voyons ! Voyons ! Cela ne te semble pas exagéré ?

LE PRÉFET. – Oui, un peu exagéré...

LAUDISI, *interrompant.* – Exagéré pour une seconde femme *quelconque* !

LE PRÉFET. – Admettons-le. C'est exagéré. Mais si on s'explique ces choses difficilement par la générosité, elles s'expliquent tout à fait bien par la jalousie. Et que, fou ou pas fou, il soit jaloux, il me semble qu'il n'y a même pas à en discuter...

Un bruit confus de voix arrive du salon.

AGAZZI. – Oh !... qu'est-ce qui se passe par là ?

AMÉLIE, *entre en courant, consternée, par la porte à gauche et annonce.* – Madame Frola ! madame Frola est là !

AGAZZI. – Mais, saperlipopette ! Qui est-ce qui est allé la chercher ?

AMÉLIE. – Personne ! Elle est venue toute seule !

LE PRÉFET. – Ah ! mais non ! mais non ! pas à présent ! Faites-la sortir !

AGAZZI. – Faites-la sortir tout de suite ! Ne la laissez pas entrer ! Il faut l'en empêcher à tout prix ! S'il la trouvait ici, Dieu nous préserve, il croirait à un guet-apens !

Mme Frola entre, tremblante, en larmes, suppliante, un mouchoir à la main, au milieu des autres, tous très agités.

MADAME FROLA. – Messieurs, par pitié ! par pitié ! Dites-le bien à tout le monde, monsieur le secrétaire général !

AGAZZI, *s'avançant, au comble de l'irritation.* – Je vous dis, madame, de sortir tout de suite ! Vous n'avez rien à faire ici pour l'instant !

MADAME FROLA, *étourdie.* – Et pourquoi ? Pourquoi ? *(À Amélie.)* Je m'adresse à vous, ma bonne dame...

AMÉLIE. – Mais regardez donc... Regardez donc, monsieur le préfet est là...

MADAME FROLA. – Oh ! vous ici, monsieur le préfet ! Par pitié !... Je voulais aller chez vous !

LE PRÉFET. – Non, madame ! Je vous en prie ! Je ne puis vous écouter pour le moment. Il faut vous en aller, vous en aller d'ici tout de suite !

MADAME FROLA. – Oui, je m'en vais ! Je m'en irai aujourd'hui même ! Je partirai, monsieur le préfet ! Pour toujours ! Je partirai !

AGAZZI. – Mais non, madame. Il ne s'agit que d'un instant... Oui, il suffira que vous vous retiriez dans votre appartement. Faites-moi ce plaisir ! Vous parlerez après à monsieur le préfet.

MADAME FROLA. – Mais pourquoi ?... Qu'y a-t-il ? Qu'est-il arrivé ?

AGAZZI, *perdant patience.* – Eh bien, votre gendre va venir ici, dans un moment, voilà ! Vous avez compris, à la fin ?

MADAME FROLA. – Ah ! oui ?... Alors, oui..., je me retire... je me retire tout de suite ! Je voulais seulement vous dire ceci : Par pitié, finissons-en ! Vous croyez me faire du bien, et vous me faites tous du mal ! Vous me contraignez à m'en aller, à partir aujourd'hui même, pour que vous le laissiez en paix ! Mais que voulez-vous de lui, à présent ? Que vient-il faire ici ? Oh ! monsieur le préfet !

LE PRÉFET. – Mais rien, madame, soyez tranquille, soyez bien tranquille ! et allez-vous-en, je vous en prie…

AMÉLIE. – Allons, madame, oui, allez-vous-en !

MADAME FROLA. – Ah Seigneur ! Vous allez me priver du seul réconfort qui me restait : la voir au moins de loin, ma petite fille !

Elle se met à pleurer.

LE PRÉFET. – Mais il ne s'agit pas de cela ! Vous n'avez nul besoin de partir ! Nous vous prions de vous retirer pour un instant ! Quant au reste, soyez tranquille !

MADAME FROLA. – Mais il s'agit de lui, de lui, monsieur le préfet ! Je suis venue vous supplier tous pour lui, non pas pour moi !

LE PRÉFET. – Oui, c'est bien… Je vous affirme que vous pouvez être tranquille pour lui aussi. Vous allez voir, tout va s'arranger !…

MADAME FROLA. – Et comment ? Je vous vois tous acharnés contre lui !

LE PRÉFET. – Non, madame, ce n'est pas exact ! Je suis là pour le défendre, soyez tranquille !

MADAME FROLA. – Ah ! merci. Je vois que vous avez compris…

LE PRÉFET. – Oui, oui, madame, j'ai compris…

MADAME FROLA. – Je l'ai dit ici, devant tous : c'est un malheur que nous avons réussi à surmonter et sur lequel, croyez-le, il ne faut plus revenir…

LE PRÉFET. – Mais oui, madame... Je vous dis que j'ai compris !

MADAME FROLA. – Oui, monsieur le préfet ! S'il nous plaît de vivre comme nous faisons, qu'importe ! Nous nous en contentons... Ma fille s'en contente, et cela me suffit !... Pensez-y bien... Pensez-y bien... Sinon, il ne me reste plus qu'à m'en aller ! Et je ne la verrai plus du tout, même de loin ! Je vous en supplie, laissez-le tranquille !

À ce moment, mouvement dans la foule, tous échangent des signes. Quelques-uns regardent vers la porte. Murmures vite réprimés.

DES VOIX. – Oh ! mon Dieu... La voilà !...

MADAME FROLA, *remarquant tous ces mouvements, perplexe, tremblante.* – Qu'est-ce qu'il y a ?... Qu'est-ce qu'il y a ?

Tous s'écartent de part et d'autre, pour laisser passer Mme Ponza, qui s'avance raide, en deuil, le visage caché par un épais voile noir, impénétrable.

MADAME FROLA, *poussant un cri déchirant de joie frénétique.* – Ah ! Lina... Lina... Lina...

Elle se précipite et entraîne la femme voilée avec l'ardeur d'une mère qui, depuis des années, n'a pas embrassé sa fille. Mais en même temps parviennent de l'intérieur les cris de M. Ponza qui se précipite sur la scène.

PONZA. – Juliette !... Juliette !... Juliette !...

Mme Ponza, aux cris de son mari, se raidit entre les bras de Mme Frola.

MONSIEUR PONZA, *apercevant, dès son entrée, sa belle-mère tenant sa femme embrassée, s'exclame avec fureur.* – Ah ! voilà ce que vous avez fait ! Je m'en doutais ! Vous avez lâchement profité de ma bonne foi !

MADAME PONZA, *tournant sa tête voilée avec une austère solennité vers son mari.* – Ne craignez rien ! Ne craignez rien ! Sortez ! Allez, allez...

MADAME FROLA *se sépare aussitôt de sa fille, toute tremblante, humble et court vers lui.* – Oui, oui... Allons-nous-en, mon chéri, allons-nous-en... allons-nous-en...

Et tous deux, se donnant le bras, échangeant des caresses et pleurant sur un ton différent, se retirent en murmurant des mots d'affection. Un silence. Après les avoir suivis des yeux jusqu'à leur disparition, tous se retournent bouleversés vers la dame voilée.

MADAME PONZA, *après les avoir regardés à travers son voile, avec une sombre solennité.* – Que pouvez-vous encore vouloir de moi, après ce que vous avez vu ? Il s'agit, vous le voyez, d'un malheur qui doit demeurer secret, pour que le remède que la pitié y apporte puisse encore produire son effet.

LE PRÉFET, *ému.* – Mais, madame, nous entendons bien respecter cette pitié... Ce que nous voudrions simplement, c'est que vous nous disiez...

MADAME PONZA, *lente et impitoyable.* – Quoi ? La vérité ! La seule vérité est celle-ci : Je suis bien la fille de madame Frola.

TOUS, *avec un soupir de satisfaction.* – Ah !

MADAME PONZA, *continuant.* – Et la seconde femme de monsieur Ponza.

TOUS, *étonnés et déçus, à voix basse.* – Oh ! comment cela ?

MADAME PONZA, *continuant.* – Oui, et pour moi... personne, personne !

LE PRÉFET. – Ah ! mais non ! Pour vous-même, madame, vous êtes l'une ou l'autre !

MADAME PONZA. – Non, messieurs. Pour moi, je suis celle que l'on me croit !

Elle jette à travers son voile un regard de fierté sur toute la compagnie et se retire. Un silence.

LAUDISI. – Voilà, mesdames et messieurs, comment parle la vérité ! *(Il lance un regard de défi ironique.)* Êtes-vous satisfaits ? *(Il éclate de rire.)* Ah ! ah ! ah ! ah !

Rideau.